# THE CROWD
## A STUDY OF THE POPULAR MIND

# 乌合之众
## 大众心理研究

[法] 古斯塔夫·勒庞 著　王晓雅 译

企业管理出版社
EMPH
ENTERPRISE MANAGEMENT PUBLISHING HOUSE

**图书在版编目（CIP）数据**

乌合之众：大众心理研究 /（法）古斯塔夫·勒庞著；王晓雅译．—北京：企业管理出版社，2019.4

ISBN 978-7-5164-1927-4

Ⅰ．①乌… Ⅱ．①古… ②王… Ⅲ．①群体心理学—研究 Ⅳ．① C912.64

中国版本图书馆CIP数据核字（2019）第057623号

---

**书　　名：** 乌合之众：大众心理研究

**作　　者：**（法）古斯塔夫·勒庞

**译　　者：** 王晓雅

**责任编辑：** 李　坚

**书　　号：** ISBN 978-7-5164-1927-4

**出版发行：** 企业管理出版社

**地　　址：** 北京市海淀区紫竹院南路17号　　邮编：100048

**网　　址：** http：//www.emph.cn

**电　　话：** 发行部（010）68701816　　编辑部（010）68414643

**电子信箱：** qiguan1961@163.com

**印　　刷：** 三河市东方印刷有限公司

**经　　销：** 新华书店

**规　　格：** 147毫米×210毫米　32开本　6印张　110千字

**版　　次：** 2019年4月第1版　2019年4月第1次印刷

**定　　价：** 42.00元

---

# 译者前言

一个“不务正业”的法国医生尼古拉斯·勒庞，在20世纪即将来临的时候，写了一本社会心理学著作来表达他对法国民族文明的失望与不满，就是这本《乌合之众：大众心理研究》。这本他并没有太在意的书，在1895年出版后，居然以平均不到一年便再版一次的速度疯狂地传播着，至1921年已印到第29版。它不仅被誉为“群体心理学开山之作”，更入选“改变世界的20本书”。

这是一本什么样的书？为何具有如此魔力？

说起来也很简单，它以法国大革命为背景，思考个人与群体的关系，作者通过对革命和社会运动中人们种种行为的分析发现：即使一个有独立见解的人，一旦加入特定群体，就变成了乌合之众中的一员。

19世纪的法国是个“火药桶”，革命与战争是家常便饭。勒庞经历过巴黎公社和法兰西第二帝国等历史时期，亲眼目睹了法国民众在传统的信仰与权威崩塌后，在近乎宗教般的革命激情中，退化成一群野蛮、善变、极端的原始人，在少数人的怂恿下，民众会毫不犹豫地做出骇人听闻的暴行，事后却要求颁发爱国主义的荣誉勋章。于是，勒庞在书中总结道：民众缺乏理性，依赖于信仰与权威的引导，用想象来判断，模仿他人行为，简而言之，民众是盲从的。他认为，群体“可以让一个守财奴变得挥霍无度，把怀疑论者改造成信徒，把老实人变成罪犯，把懦夫变成豪杰。”

群体的力量是如此强大，以至于不曾为此付出代价的民族少之又少，勒庞就像一个预言家，他对法国人的分析不断被其他民族所证实。

谁能想到，诞生过无数伟大哲人的德国，会有奥斯维辛集中营，会有对占领区人民疯狂的屠戮？他们在虐杀犹太人时真的以为他们的所作所为就像纳粹歌曲里唱的一样：“我们是党徽的军队，高举着红旗，为了德国的工人，我们铺设通向自由的道路。”这是一种集体的迷醉。正如勒庞所说：“群体没有负罪意识，群体意味着约束解除——数量就是正义。”“群体几乎完全受无意识动机的支配，与理性和智慧无关——群体的思维和行为与原始人非常相似。

中国有个成语叫“三个臭皮匠，顶个诸葛亮”，这是集体崇拜的经典话语，似乎人的集体智能可以累积起来。人类文明的确是积累的结果，但“积累”主要是个人智能的积累，不是群体的积累。集体很难从事高智力的工作，如果不激发个人天才，即使积累一亿个臭皮匠的“集体智能”也还是臭皮匠的智能。

智者不惑。时至今日，我们仍有必要仔细读一读勒庞的这本书，了解是什么让我们主动放弃了天赋的理性而深陷盲从的泥淖，从而避免成为乌合之众的一员而走向深渊。

# 序言

此书致力于研究群体的特征。

遗传赋予了种族中的个体某些共同特征，而这些共同特征加在一起，便构成了该种族的特征。然而，观察发现，当这些个体中的一部分人为了行动目标而聚集成一个群体时，他们聚集成群体这件事本身会产生一些新的心理特征，这些特征有时会与原有的种族特征大不相同。

在各个民族的生活中，有组织的群体一直发挥着重要的作用，但这种作用从未像今天这般重要。群体的无意识行为取代个体的有意识行为，是当代群体的主要特征之一。

我尽力以纯科学的方式研究由群体引发的难题——也就是说，只考虑方法选择，而不受意见、理论和学说的影响。

我相信，这是发现某些真理的唯一方式，针对这里所讨论的颇具争议的话题，尤其如此。专注于验证某种现象的科学家，不会去考虑他的这种行为是否会伤害其他人的利益。杰出的思想家阿尔维也拉在最近发表的一篇文章中表示："他不属于任何当代学派，有时候他还会发现自己的观点与所有这些学派的言论相左。"我希望这项新研究能受此评价，因为属于学派的观点，必然会带有先入为主的偏见。

我仍应向读者解释，为什么我从调查中得出了令人难以理解的结论。例如，为什么在指出群体（包括杰出人士团体）的精神极端低劣后，我仍认为，干涉他们的组织是危险的。

因为，我发现，对历史事实的细心观察均表明，社会组织像所有生命有机体一样复杂，而以我们的力量促使其发生深刻的变革绝非明智之举。大自然有时会采取激进措施，但从来不像我们所想象的那样。所以，对一个民族来说，对重大改革的狂热最为致命，无论这些改革在理论上看多么美好。只有当它能马上改变群体的心理时，才会产生帮助；然而，只有时间才拥有这种力量。支配人类的是思想、情感和习俗——对我们来说，它们是更为本质的东西。制度和法律是我们个性的外在呈现，表达了我们的需要；而作为其结果，制度和法律本身并不能改变这一个性。

对社会现象的研究离不开对产生这些现象的种族的研

究。从哲学的角度来看，这些现象可能具有绝对价值；但在实践中，它们只有相对价值。

因此，在研究社会现象时，有必要从两个迥异的方面着手。这样就可以发现，纯理性的东西带给人们的教诲经常与实践理性的教诲相反。这种划分适用于任何材料，甚至包括物理材料。从绝对真理的角度来看，方形或圆形是由公式定义的不变的几何图形。然而，从视觉角度观察，这些几何图形却可以呈现出多种形状。通过角度改变，立方体可以呈现出金字塔状或正方形，圆形可以呈现为椭圆或直线。此外，关注这些虚构形状远比关注真实形状更重要，因为它们才是我们所能看到的，它们才可以通过摄影或图片再现。在某些情况下，虚幻比真实蕴含着更多的真理。以精确的几何形状呈现物体，会扭曲物体本身，并使其变得无法辨认。我们设想一下，假如有这样一个世界，所有人只能复制或拍摄物品，但无法触摸到它们，那么，他们就很难准确地认识这些物品。此外，如果只有少数学识渊博的人才能获得这种形态的知识，那么，它的价值就不大了。

研究社会现象的哲学家应该牢记这些现象的理论价值与实践价值，而就文明的进化而言，后者才真正重要。承认这一事实，在通过逻辑分析得出结论时，哲学家就会变得非常谨慎。

还有一些理由，使得哲学家在得出结论时偏向于保守。社会现象异常复杂，人们不可能掌握其全貌并预见其相互影响的结果。在这些可见的现象背后，似乎隐藏着成千上万无形的原因。可见的社会现象就像是巨大的、无意识的存在的结果，以至于我们无法对其进行分析。可感知的现象如同波浪一样，是我们一无所知的海底激流的一种表象。群体的大多数行为显示，其精神往往极其低劣；然而，还有一些群体行为，似乎是受到了古人称之为天命、自然或天意（我们称之为死亡之声）等神秘力量的指引，尽管我们不了解其本质，但它们的力量却不容忽视。有时，似乎民族内部存在着引导其行为的潜在力量。比如，还有什么比语言更复杂、逻辑更强、更奇妙呢？这种组织精细、令人赞叹的产物，若不是群体的无意识心理的结果，又能来自哪里？即使是最渊博的学者、最受尊敬的语法学家，能做的也不过是记住这些语言规则，而非创造它们。即使是伟人的思想，我们能确定那就是他们头脑的产物吗？我们可以说，这些想法是由孤独的思想者创造的，但是，孕育思想的土壤却是由无数的群体尘粒组成的。

群体无疑总是无意识的，但这种无意识也正是他们拥有强大力量的秘密之一。在自然界中，绝对服从于本能驱动的生物，其行为的复杂性却令人震惊。理性是人类出现不久后才有的属性，但并没有完美到可以向我们揭示无意识的规律。在我们的行为当中，无意识扮演着重要的角色，而理性发挥的作用则很小。无意识像一股未知的力量发挥着作用。

假如我们只待在科学能认识的狭小而安全的范围内，不探索模糊的猜想，不作出徒劳的假设，那么，所有我们要做的就只是关注能够理解的现象，只对这些现象进行观察。我们观察得出的结论通常是不成熟的，因为在我们能够看清的现象背后，还有我们看不清的现象，而这后面，还有我们根本看不到的现象。

# 目　录

## 卷三　不同群体的分类及其特点

# 引言
# 群体的时代

当今时代的演变／文明的巨大变化是民族思想变化的结果／现代人对群体力量的信念／它改变了欧洲国家的传统政策／民众阶层是如何崛起的，他们发挥威力的方式／群体力量的必然后果／群体只起破坏作用／破旧文明的解体是群体作用的结果／人民对群体心理学的无知／群体研究对立法者和政治家的重要性文明变革之前发生的巨大动荡，如罗马帝国垮台和阿拉伯帝国建立等，乍一看似乎主要是由政治变革、外国入侵或推翻王朝造成的。但是，对这些事件更细致的研究表明，在其表面原因背后，真正的原因通常是人民思想的深刻变化。真正的历史动荡并不是那些场面宏大、充满暴力而令人震惊的事件。唯一重要的变化，即造成文明更新的变化，是影响到思想、观念和信仰的变化。难忘的历史事件都是无形的人类思想变化带来的可见的结果。这些重大事件之所以如此罕见，原因就在于，在种族中没有任何其他东西比思想结构的传承更加稳定。

当前时代是人类思想正在经历转型的关键时期之一。

两个基本因素构成这种转变的基础。首先是宗教、政治和社会信仰遭到破坏，而我们文明的组成要素恰恰植根其中。其次是现代科学和工业发明创造了全新的生存与思想条件。

虽然过去的观念已残缺不全，但仍有非常强大的力量，而取代它的思想仍处于形成过程之中，现时代是一个处于无政府状态的过渡时期。

今天的社会有些喧嚣混乱，很难说未来它会演化成什么样子。目前，我们也不知道，接下来的社会将建立在怎样的思想基础之上。但有一点很清楚，无论未来的社会如何组织，都会依托新的力量而崛起，也就是最后保留下来的现代主要力量：群体的力量。许多过去理所当然被认为是正确的思想，或已腐朽，或正在凋敝，一次次的革命逐一打破了曾经的权威，而群体的力量则在这样的一片废墟中独自崛起，它似乎很快就会联合其他的力量。虽然古老的信仰都在蹒跚中消失，过去的社会支柱一个接一个地让位，唯一没有受到威胁的就是群体的力量，相反，它的威望在不断增加。我们即将进入的时代将会是真正的群体时代。

仅仅在一个世纪以前，欧洲国家的传统政策和君主的对立是各种事件的导火索。民众的意见很少有人在意，大多数时候，根本没人在意。而今天，政治传统以及统治者的个人倾向和对抗，已经不再重要；相反，群众的声音已成为主流。正所谓民意决定了国王的行为，国王要听从民意。国家的命运掌握在群众的手中，而不再是国王的议会中。

大众阶级进入政治生活——实际上，他们逐渐转变为了统治阶级——这是过渡时期最引人注目的特征之一。普选权的引入并非此次政治权力转移的主要特征，事实上，普选权存在由来已久，但影响甚微。群体力量逐步增强，这首先得益于一些思想的传播，这些思想慢慢地植入人们的头脑中，随后，个人逐渐联合成为社团，使理论概念得以实现。人们通过联合来形成想法，这些想法从群体利益出发，尽管未必公正，但界定清晰；他们意识到了自己的力量。他们建立联合会，逐渐分化其他权力，无视经济规律，想自行决定自己的劳动条件和工资待遇。他们的代表进入了支配政府的议会，议员们往往缺乏主动性和独立性，只是联合会的代言人而已。

今天，群众的要求变得越来越明确，并且拥有彻底摧毁现存社会的决心，以期回归到原始的共产主义，这是文明开始之前人类群体的生活方式。他们的诉求包括：劳动时间的限制，要求收回矿山、铁路、工厂和土地，所有产品平等分配，服务大众阶级并消除所有上层阶级。

然而，群体不善推理，却行动迅速。通过目前的组织，他们的力量变得强大起来。我们见证了新教条的产生，很快它们将拥有旧教条的力量，至高无上的专制和主权的力量。群众的巨大权力即将取代君王的神圣权力。

和中产阶级站在统一战线的作家，最好地代表了他们狭隘的思想、短浅的观点、肤浅的怀疑主义、偶尔过度自我主义，他们对群体力量崛起表现出了深深的恐惧。为了应对群体混杂的思维，他们转而求助教会道德的力量，尽管他们曾对此不屑一顾。他们跟我们大谈科学的弊端，回到罗马教廷忏悔，并提醒我们去了解揭示真理的教义。这些新的皈依者忘记了，一切都为时已晚。即便上帝的恩典真的降临到他们身上，这种神力也不会对群体再有相同的影响，因为群体已经不在意这些新教徒的信仰，他们早已抛弃了已被毁灭的众神。没有任何力量可以让河水倒流，神的力量或人类的力量都不可以。

科学并没有衰败，它既没有参与制造这场思维混乱，也没有催生这股新力量的出现。科学向我们承诺真理，或者至少提供我们智力能够理解的关系：然而它从未向我们承诺过和平或幸福。它对我们的感情漠不关心，对我们的哀叹充耳不闻。我们要努力与科学共存，因为没有什么力量能够带回它所摧毁的幻想。

在所有民族中都显而易见的普遍现象，向我们展示了群体力量的迅速增长，我们不敢说它很快就会停止增长。无论它为我们带来了什么样的命运，我们都必须服从它。所有反对它的推理都只是徒劳的口水战。当然，群体力量的出现可能标志着西方文明的衰落，完全回归到每个新社会诞生之前混乱的无政府状态时期。但是，这个结果有可能被阻止吗？

到目前为止，彻底摧毁破旧的文明已成为群体最明确的任务。当然，不仅仅是今天才展现出这一特性。历史告诉我们，从文明所依赖的道德失去力量的那一刻起，它的最终解体就是由那些无知的、野蛮的群体所造成的，是的，无知的、野蛮的群体。文明此前只是由一小群知识分子和贵族创造的，而并非群体。群体只有破坏力量。他们的统治总是处于野蛮人阶段。任何文明都具有一定的规则、纪律、远见、文化提升，及从本能过渡到理性的过程。如果只依靠群体自身，所有这些条件都是无法实现的。由于群体的力量只具有破坏性，就像那些加速尸体衰败或分解的细菌；当文明腐烂时，群众总是始作俑者。只有在这样的关键时刻，群体的使命才显现出来，群体的数量似乎是唯一的历史法则。

我们的文明也会遭遇同样的命运吗？这种担心不无道理，但对此我们尚不能确定。

不论如何，我们一定会屈服于群体的统治，因为缺乏远见的群体已经推翻了所有可能阻碍他们的障碍。

我们对这些群体说的很多却认识很少。职业心理学研究人员一直忽视他们，最近，他们把注意力转到这个方向，但只考虑群体犯罪。毫无疑问，犯罪群体确实存在，但是，道德高尚的群体、英勇的群体以及许多其他类型的群体，也同样存在。犯罪群体只是一个特殊群体。群体心理学不仅仅是研究他们的罪行，通过恶习的描述来研究个人心理构成是片面的。

然而，事实上，所有世上的伟人，所有宗教或帝国的创始人，所有信仰的使徒，杰出的政治家，或者在一个更小的范围内，小团体的领导者，他们都是无意识的心理学家，他们对群体心理有本能但可靠的认识。正是他们对心理的准确认识，使他们能够轻松地建立起自己的领导地位。拿破仑对他所统治国家的群体心理有着独到的洞察力，但他有时却完全不了解其他种族的群体心理①；因为这种对心理的误解，

① 此外，他心思最缜密的顾问也不了解群体心理。塔莱朗（Talleyrand）在给拿破仑的信中写道："西班牙人会像欢迎解放者一样欢迎他的士兵。"实际上，他们是被当作野兽来接待的。熟悉西班牙种族遗传本能的心理学家很容易预见到这种状况。

导致他在对西班牙特别是在对俄罗斯的战争中，受到严重打击，迅速败下阵来。群体心理学知识成了今天政治家最后的资源，他们不想管理群体（这件事越来越难了），只是不想过多地被群体所支配。

只有对群体心理学深入研究才能理解，法律和制度对群体的作用多么微不足道，除了接受强加给他们的意见外，他们毫无主张。群体不受公平理论的引导和规章制度的规范，因此，应该研究的是什么可以打动和吸引他们。例如，他们希望征收新税的立法者选择理论上最公正的税收吗？肯定不是。在实践中，最不公正的东西对群体来说可能是最好的。如果一种税收不明显，而且看起来是最没有负担的，那么它将是最容易被接受的。正是由于这个原因，间接税，无论它多么昂贵，总是会被群体所接受，因为，每天一小部分支付并不会干扰群体的习惯，也不会被轻易察觉。而按工资或任何其他类型的收入比例征税，一次性支付的数额较大，即便这种方式比别的税轻十倍，仍然会引发一致的抗议。这是因为，一个相对较高的总和显得数额巨大，而少量多次的支付会降低对群体的冲击。然而，这种节约的方法需要远见，这也是群体所缺乏的。

以上的例子很简单。正确与否很容易被察觉，它并没有逃脱像拿破仑这样的心理学家的注意，但不了解群体心理的立法者却注意不到这一点。经验尚且没能让他们认识到：人们从来都不会纯粹理性地做事。

群体心理学也应用于许多其他方面。了解群体心理可以更好地解释大量的历史和经济现象；如果没有它，这些现象就很难被理解。我将有机会证明，为什么连最杰出的现代历史学家泰纳，有时对法国大革命的事件也会有如此片面的理解，因为他从没有想过研究群体的心理。在对这个复杂时期的研究中，他以自然主义者所采用的写实方法作为指导；但是，在自然主义者的研究中，几乎不存在道德力量。然而，正是这种道德力量构成了历史的真正主要原因。

因此，从实用角度来看，群体心理学值得研究。即便仅仅因为好奇，它仍然值得关注。解释人类行为的动机，与弄清某种矿物或植物的特征，同样十分有趣。

我们对群体心理的研究只是一个简短的综述。目的不过是给出一些建设性的观点，抛砖引玉，以便他人能更深入地研究它。今天我们接触的只是群体心理这片处女地的表面而已。

# 卷一

# 群体的心理

# 第一章
# 群体的一般特性及精神统一性

从心理学的角度来看，群体的构成是什么 / 很多个人聚集在一起不足以形成群体 / 心理群体的特征 / 群体中个人的思想和情感朝固定方向发展及他们个性的消失 / 群体总是被无意识支配 / 大脑活动的消失和髓质活动的得势 / 智力的降低和情绪的彻底转变 / 转化的情绪可能比群体中个人的情绪更好或更糟 / 群体既易于英勇无畏也易于犯罪在一般意义上，“群体”一词意味着一群聚集在一起的人，不论他们的国籍、专业或性别是什么，也不论他们的动机是什么。

从心理学的角度看，“群体”这一表达则具有迥然不同的含义。在某些特定情况下，群体才会呈现出与构成群体的个体截然不同的新特征。群体中所有人的情感和想法都会朝着同一个方向发展，他们的自觉人格也消失了，形成了集体思想，这种思想可能是短暂的，但却呈现出非常明确的特征。因此，在没有更好的表达的情况下，我便将其称为有组织的群体，或者，如果这个词被认为是可取的，也可以叫作心理群体。它形成了单一的存在，并受“群体精神统一律”的约束。

显而易见的是，并非一些人偶然聚集在一起就会形成有组织群体的特征。从心理学的角度来看，即使上千人聚集在公共场所，若没有统一的目标，也构不成群体。为了获得这种群体的特性，某些诱因的影响是必要的，我们必须确定它们的性质。

自觉的个性消失以及在一个明确的方向上转变感情和思想，这是群体变得组织化的主要特征，这与是否很多人在同一个地方无关。有时，在某些强烈情绪的影响下，例如，当国家发生重大事件，成千上万的个体虽居于不同地区，也会表现出心理群体的特征。在这种情况下，一个偶然因素就足以将群体聚集在一起，并立刻获得群体的特征。在某些时刻，六七个人就能构成心理群体，而数百位个体偶然聚集在一起也不会形成心理群体。另一方面，在某些影响的作用下，整个民族虽然可能没有聚集在一起，却依旧能形成一个群体。

心理群体形成后，它便会获得一些临时的但又明确的特征。除了这些一般特征，还会存在一些附带特征，这些特征会因构成群体的成员不同而有所变化，也会改变群体的精神结构。那么，心理群体很容易被分类；当我们研究不同类别的群体时，我们会看到，异质的群体——即由不同元素组成的群体——呈现出与同质群体相同的某些特征，也就是说，群体由或多或少类似的元素组成（教派、种姓和阶级）。两者自身不同的特点可以将其区分开来。

但在研究不同类型的群体之前，我们首先要研究它们共同的特征。我们将会像博物家一样，首先研究同质体和异质体共同的一般特征，然后再研究它们各自的特定特征。

要精确地描述群体的思想并不容易，因为它的组织不仅根据种族和构成而变化，而且还根据支配群体的刺激因素及其强度而变化。不过，个体心理学研究也会遇到同样的问题。个体性格永远不变的情况只有在小说中才会出现。只有环境的单一性才能产生明显的性格单一性。我在其他地方已经说过，所有心理结构都包含各种性格的可能性，环境一旦变化，可能会让这些性格的变化表现出来。这就解释了为什么法国国民工会议员中最野蛮的成员，在一般情况下，也是一位和平善良的无害公民。风暴过去了，他们恢复了正常的安静守法公民的性格。拿破仑也因此在这帮人中找到了他最温顺的仆人。

在这里，研究所有程度不一的组织是不可能的，所以，我们将只关注已经完全组织化的群体。通过这种方式，我们将看到群体会变成什么样子，而不是它们一直以来的样子。只有在这个高度组织化的阶段，某些新的和原有的特征才会共同存在；集体的思想和感情才会朝着同一方向发展。只有在这种情况下，所谓的“群体精神统一律”才能发挥作用。

在群体的心理特征中，有些可能与孤立的个体有共同之处，而另一些则相反，是群体特有的特性，只能在集体中遇到。首先，我们将研究这些特有的特征，以显示其重要性。

心理群体最引人注目的特点是：无论构成它的是什么人，无论他们的生活方式、职业、性格或智力相同或不同，一旦形成群体，他们就会拥有一种集体思维，这种思维使他们的情绪、思考和行动的方式，与他们每个人在孤立状态下的情绪、思考和行动的方式完全不同。有些想法和感受在独处时不会产生或者刺激行动。心理群体是由异质群体组成的临时元素，它们被临时组合，如同一个生命体的细胞一样，它们聚集在一起，创造了新的生命，显示出与单个细胞完全不同的特征。

与赫兹·斯宾塞这样敏锐的哲学家笔下的观点相反，在构成群体的人群中，他们之间没有任何总和或平均值。真正发生的是组合，然后创造出新的群体特征，就像某些化学元素，例如，碱和酸结合形成新物质，其化学属性已经与原本属性大相径庭了。

很容易看出构成群体的个体与孤立的个体有很大差异，但要找出这种差异的原因却并不容易。

即使想要一瞥其中的原因，首先也要结合现代心理学的这一发现：无意识现象不仅在有机生命体中发挥着优势作用，在智力活动中也起着至关重要的作用。与精神生活中的无意识因素相比，有意识因素只是沧海一粟。哪怕是最细心的分析师和最敏锐的观察者，也只能发现极少的支配自己行为的无意识动机。我们有意识的行为是遗传影响在无意识基础上创造出来的结果。这个基础包括世代相传的无数深层次特征，它们构成了种族的特性。在我们行为背后，有一些公开的原因，毫无疑问，还有很多秘密原因；而这些秘密原因的背后，还有更多我们自己都未可知的秘密。我们大部分日常行为都是自己观察不到的隐秘动机的结果。

无意识因素构成了种族心理，尤其在这方面，群体中所有人都相似，而他们的不同主要源于有意识因素——教育的结果，尤其是不同的遗传因素。即使智力差距巨大的个体也拥有非常相似的本能——激情和感情。在所有情感领域中——宗教情感、政治情感、道德情感和爱恨情仇中，最杰出的人也不绝对比普通人处理得更好。从知识上来看，伟大的数学家与修鞋匠之间可能存在巨大的鸿沟，但从性格上来看，差异通常是极小的，或者可以忽略不计。

恰恰是这些特征的一般品质，受到无意识力量的支配，群体中大多数正常人都拥有它们。而这些特征，成为了群体的共同属性。在集体思想中，个人智力与个性都被削弱了，异质性被同质性所淹没，无意识特点占据了上风。

群体一般只拥有共性的普通品质，这就解释了为什么它永远无法完成高智商的工作。影响群体利益问题的决定是由一群杰出的人做出的，但来自不同行业的专家做出的决定未必比傻瓜所采取的决定高明多少。事实上，群体只能发挥每个人的平庸才智，个体智慧不会积聚。正如人们常说的那样，并不一定全世界所有人加在一起就比伏尔泰更有智慧，但如果“全世界”是一个群体，那么伏尔泰肯定比整个世界更聪明。

如果群体中的个人只是将他们所拥有的普通品质放在一起，那就只能制造平庸，而不是如我们所说的那样，创造出新的特点。那么，如何能创造那些新特征？这就是我们现在要研究的问题。

孤立的个体并不拥有群体的这些特征，这是由几个原因决定的。

首先，构成群体的个人仅仅因为群体人数众多，就感觉拥有了一种无敌的力量，这种情绪使他变得冲动行事，但如果独自一人，他就会克制自己。由于在群体中匿名，个体不需要负责任，一直自我控制的个人责任感就会彻底消失，人也会因此变得胆大妄为。

第二个原因是传染性，它也会影响群体的特征表现和发展趋势。传染是一种普遍存在的现象，但却并不容易解释。它与我接下来准备探讨的催眠现象相似，在群体中，每一种情绪和行为都具有传染性，以至于个人很容易牺牲个人利益以换取集体利益。而这是一种与个人本性相反的能力，如果不是成为群体的一员，个人往往没有这种能力。

第三个原因，也是迄今为止最重要的原因，决定了个体在群体中有时呈现出与孤立个体时完全相反的特征，即暗示性。上述提到的传染性正是这种效应的结果。

要理解这种现象，有必要了解一下心理学领域最新的发现。今天，我们知道，通过各种方式，个人可能会被带入这样一种状态，即完全丧失了自觉性格时，他会完全按照引导者的暗示行事，做出与其平时的性格和习惯完全矛盾的举动。最仔细的观察似乎证明，一个人在群体行为中沉浸了一段时间，很快就会发现自己——或者是由于群体磁力的影响，或者是由于我们未知的其他原因——进入了一种特殊的状态，一种类似于被催眠的状态。被催眠的人，大脑活动瘫痪，服从脊髓的无意识活动，成为任由催眠者随意摆布的奴隶。有意识的人格消失后，意志和辨别力也都随之被湮灭。所有的感受和想法都会朝着催眠者所确定的方向发展。

这基本是心理群体中个体的状态，他不再意识到自己的行为。在这种情况下，个体如同被催眠一样，在某些能力被摧毁的同时，其他能力可能被极大地提升。因此，在某种暗示的影响下，他会不顾一切地去完成某些事情。群体中个体的这种冲动比在被催眠个体的行为更加不可抗拒，因为群体中所有个体得到的暗示是相同的，这种暗示通过互相影响被进一步强化。在群体中，个性强大到足以抵抗这一暗示的个体寥寥无几，因此，很难做到逆流而上。他们最多会因不同的暗示而改变行为路径。正因为如此，比如，有时只需要一句动听的话，或者一个被及时唤起的形象，就会使群体避免最嗜血的行为。

然后，我们看到，有意识的个性消失，无意识的个性得势，通过暗示和传染使感情和思想被引导向同一个方向，以及立刻把暗示的想法转变成行动，这些是构成群体的个体的主要特征。个体不再是他自己，而是成为一个不再受自我意志支配的傀儡。

所以，一旦个体成为有组织的群体的一员，他就会在文明的阶梯中倒退几步。一个人独处时，他可能是一个有教养的人；一旦进入群体，他就会变成一个野蛮的人，一个依本能行事的人。他变得冲动、暴力、凶残，也有原始人的热情及英雄主义，他变得易于接受文字和图像的暗示，而个体独处时，这些文字或图像完全无法影响到他。在群体中，他会做出很多违背自己平时的兴趣和习惯的行为。群体中的个体就好像是沙丘中的沙粒，随风飞舞。

正是因为如此，陪审团群体会通过作为个人绝不会赞成的判决，议会群体会通过所有议员个人都反对的法律和措施。国会中的成员私下都很温和，但在群体中，他们毫不犹豫地野蛮起来，无辜者被送上断头台，违背他们自己的利益，放弃神圣不可侵犯的权利，互相残杀。

群体中的个人不仅在行为上与独处时不同，甚至在完全丧失独立性之前，他的思想和感情也发生了转变，这种转变是如此深刻，以至于吝啬鬼变得挥霍无度，怀疑者变成了信徒，诚实的人变成了罪犯，懦夫变成了英雄。在1789年8月4日那个庆祝之夜，贵族们一时激情澎湃，投票放弃了自己的特权，假如在独处时，没有哪个贵族成员会同意这么做。

综上所述，群体在智力上总是低于孤立的个体，但从感情及其引发的行为方面来看，群体可能会表现得比个人更好或更糟，这取决于具体环境，取决于群体接收到的暗示的性质如何。那些仅从犯罪角度研究群体的作家则完全忽视了这一点。毫无疑问，群体中存在犯罪群体，但也常常存在英雄群体。恰恰是群体而非个人，才可能冒着死亡的危险去维护信条观念，才会因追求荣耀与荣誉而激情澎湃，才会在没有面包和武器的情况下进行十字军东征，才会像在“九三年”[1]一样，保卫祖国。毫无疑问，这种英雄主义在某种程度上是无意识的，但历史就是这样的英雄主义谱写的。如果人们只在深思熟虑后才会去做大事，那么，世界历史的记录会少却很多色彩，变得暗淡无光。

① 指1793年的法国大革命。法国小说家雨果曾据此创作长篇小说《九三年》。

# 第二章
# 群体的情感和道德

1. 群体的冲动、多变和易怒。所有外部令人兴奋的因素都对群体产生支配作用，群体的反应不断变化 / 群体缺乏谋虑 / 种族的影响。

2. 群体易轻信和受暗示影响。群体对暗示的服从 / 他们把头脑中产生的幻觉当作现实 / 为什么这些幻想对构成群体的所有个体都一样 / 群体中有教养的人和无知的人并无差别 / 群体中的个人受到暗示影响的实例 / 历史著作的价值微不足道。

3. 群体情感的夸大与简化。群体不允许怀疑或不确定，在情绪上他们总是走极端。

4. 群体的片面、专横和保守。这些情绪的缘由 / 群体面对强权时卑躬屈膝 / 群体一时的革命性并不能阻碍他们变成极端的保守分子 / 群体本能地抵制变化和进步。

5. 群体的道德。群体的道德可能比构成群体的个人的道德要低得多或高得多 / 解释和例子 / 利益很少能左右群体行为，却常常是孤立个体的唯一动力 / 群体的道德净化作用。

概括了群体的主要特征后，现在我们就来详细研究一下这些特征。

值得指出的是，在群体的特征中，如冲动、烦躁、不善推理、缺乏判断和批判精神、夸大情绪及其他，几乎总能在进化形式较低的生物中观察得到。不过，我只是顺便提一下，对此的详细探讨超出了本书的研究范围。此外，这种探讨，对于已经熟悉原始人类心理的人来说显得有些多余，而对那些毫无概念的人来说又很难产生影响。

现在，我将对在大多数群体中观察到的不同特征逐一进行分析。

## 1. 群体的冲动、多变和易怒

在研究群体的基本特征时，我们说它几乎完全由无意识动机支配。它所受到的影响主要来源于脊髓神经而非大脑。在这方面，群体与原始人非常相似。他们的行为可能很完美，但它们不是由大脑支配的，个体根据他受到的暗示来决定自我行为。群体受到所有外部刺激因素的支配，且反应不断发生变化。群体是它所接受的刺激的奴隶。孤立的个体可能会像群体中的人一样，受到外界同样的刺激，但是，他的大脑会向他展示行为的不可取之处时，他会尽量避免行动。这个原理可以在心理学上得到论述，即孤立的个体具有支配自己反应行为的能力，而群体缺乏这种能力。

刺激群体的暗示不同，会导致群体服从不同的冲动行为，或慷慨或残忍，或英雄或懦弱，但这种冲动如此专横，以至于个人的利益，甚至自我保护的利益，都无法与之匹敌。暗示与刺激群体的暗示可能多种多样，而群体总是服从它们，因此群体也极为多变。这就解释了为什么我们会看到，它们会从最嗜血的凶猛变成最极端的慷慨主义和英雄主义。群体很容易充当刽子手，但也会成为殉道者。每种信仰的胜利都会血流成河，而为此作出牺牲的正是群体。要理解这一点，我们没有必要追溯到英雄时代，去看看群体在那时都做了什么。在革命暴动中，他们从来不吝牺牲自己的生命。不久之前，一位将军①突然名声大噪，只要他愿意，一声口令，就可以找到十万士兵愿意为他的事业而牺牲。群体没有谋虑。他们可能会被对立的情绪刺激，但总会受当下暗示的影响。它们就像风暴卷起的叶子，会散落到各个方向。稍后研究革命群体时，我们会举例说明这一特征。

群体的多变性使他们很难被管理，当部分公共权力落入他们手中时尤其如此。如果没有日常生活必需在背后作为一

① 布朗热将军，19世纪80年代在法国掀起民族沙文主义运动。

种无形的调节，民主几乎不可能持久。尽管群体有疯狂的意愿，但它们并不持久。群体的意愿不能持久，他们的思想亦是如此。

群体不仅仅是冲动易变。像野蛮人一样，它不容忍在实现愿望的过程中存在的任何障碍。人数众多让群体感觉自己拥有了势不可挡的力量，对群体而言，没有不可能的概念。孤立的个体知道，他不能放火烧宫或掠夺商店，即便他想要这么做，也能轻松抵制住诱惑。但作为群体的一员，他感受到了群体给予他的力量，只要暗示他去杀人或掠夺，他就会立即行动。疯狂的愤怒将摧毁任何障碍。如果人体可以长期处于狂怒状态，可以说，这种动不动就发怒的状态，就是人类愿望受到压制后产生的正常状态。

种族的基本特征是我们所有情绪的来源，它总是对群体的易怒、冲动和多变产生影响，就像我们必须研究的群体情绪一样。无疑，所有群体都是易怒的和冲动的，但程度差异很大。例如，拉丁群体和盎格鲁–撒克逊群体之间的差异是惊人的。法国最近的一件事为这一点提供了生动的启示。25年前，仅仅发布一份内容涉及大使受辱的电报，足以令群众激动，后果是一场可怕的战争。几年后，电报宣布了一场微小战争的失败，就引发了新的冲突，导致政府立即被推翻。而与此同时，英国远征军在喀土穆惨败，对英格兰的影响却微乎其微，没有任何内阁被推翻。女性化群体无处不在，但拉丁群体的女性化最为瞩目。依靠群体的人可能会迅速地飞黄腾达，但这样

还是文盲，一样都失去了观察能力。

这种观点看似是矛盾的。要有力证明它，需要调查大量的历史事实，即便写几本书，也不足以达到这一目的。

尽管如此，我不想让读者觉得这些是未经证实的主张，我将举一些例子，它们是从大量事例中随机挑选出来的。

以下事实是一个最典型的例子，因为这里选择的集体幻觉群体中有各种类型的个体，从学界大师到目不识丁者。海军中尉朱利安·菲利克斯斯在他的《海流》一书中提到了这件事，《科学杂志》也曾引用过。

护卫舰 “贝勒·波拉”号在公海上巡航，目的是寻找在暴风雨中走失的巡洋舰“波索”号。当天，天气晴朗，阳光充足。突然，巡逻的海员发现一艘失事的船只发出求救信号。船上的人都朝着发出信号的方向看去，每一名官兵和水手都清楚地看到一艘被船拖着的满载着人的筏子，这些人正在发送绝望的遇险信号。然而，这只不过是一种集体的幻觉。海军上将德斯弗斯派一艘船来救援遇难的士兵。船上的船员和军官看到“有很多人，他们伸出双手求救，听到了很多声音混杂起来的噪音”。当救援船靠近时，船上的人们发现的只不过是一些长满树叶的树枝，它们是从邻近海岸漂过来的。在如此确凿的事实面前，众人的幻觉消失了。

在这个例子中，我们清楚地看到了集体幻觉的存在。一方面，群体中的人们在期望中观望；另一方面，执勤者发出了有船只在海上遇难的信号，这一暗示通过传染，被船上所有的官兵接受。

曲解事实，或用与真实事实无关的幻觉取代之，这种情况不需要很多人也会发生。一旦几个人聚集在一起，就构成了群体，即便他们是杰出的学者，在专业之外，他们也具有群体的一般特征。个人所拥有的观察能力和批判精神会在群体中立刻消失。戴维先生，一位机敏的心理学家，为我们提供了一个非常有趣的案例，该案例被最近一期的《心理学年鉴》所引用。戴维先生召集了一批杰出的观察员，其中一位是英国最杰出的科学家华莱士先生。这群人在实验开始前，被示意检查物体并按照他们的意愿做好标记。达维先生演示了精神现象：显灵，并在石板上写字。随后这些杰出的观察员在报告中都承认，他们所观察到的现象只能通过超自然的手段获得。但达维向他们透露，灵魂再现不过是简单骗术的结果。

“达维先生的调查中，最令人惊讶的，”叙述者写道，“不是这些伎俩本身多么高明，而是这些外行目击者的这份报告极不可信。很明显，”他说，“即使证人众多，仍可能会给出完全错误的结论，那么就得出一个结论：假如人们认为他们的描述是正确的，那么，他们所描述的现象是无法用骗局解释的。戴维使用了极简单的方法，人们也对他的这种大胆做法而感到惊讶。但他对群体特征的研究，使人们看到他们以前没有看到的东西。这与催眠师对被催眠者的力量一样。而且，高智商并持有怀疑态度的群体都会被暗示欺骗，何况普通群体呢。”

类似的例子还有很多。在我写这些文字的时候，报纸满篇都是在塞纳河淹死的两个小女孩的消息。一开始，六七个目击者言之凿凿，他们认出了这两个孩子。所有人给出了完全一致的证词，使审判法官没有任何理由怀疑其结论的真实性。他草拟了死亡证明书，但正当死者要被埋葬时，偶然的机会让人们发现“所谓的受害者”还活着，而且与淹死的人没有多少相似之处。和前面引用的例子相同，第一个证人因为幻觉而做出的肯定判断，足以暗示其他证人。

在此类情况中，暗示的出发点一般是个人通过或多或少模糊的回忆产生的幻觉，这种初始幻觉得到肯定后，会导致群体内的相互传染。如果第一个观察者过于轻信，他相信自己已经认出死者——除了所有真正的相似之处——还有一些特殊性，例如疤痕或装束上的细节，能引起联想到其他人。这种联想可能会成为一个事件的核心，它会瓦解大家的理解能力，削弱批判思维能力。然后，观察者看到的不再是物体本身，而是在他的脑海中唤起的形象。通过这种方式，就可以解释为何母亲会认错自己孩子的尸体。下列情况，可以看出我刚刚指出的两种暗示。

孩子被另一个孩子认出来了，但他弄错了。然后，开始了一系列没有根据的指认。

此后发生了一件奇怪的事。在一名男生认出了尸体后的第二天，有一位妇人大喊：“天哪，这是我的孩子！”

她被带到了尸体处，检查了衣服，并注意到死者额头上的疤痕。“我确定，”她说，“我的儿子去年七月失踪了，怕是被拐走杀害了。”

这个女人是四号街的礼宾人员，她的名字叫夏凡德雷。她的姐夫被召来，当被问及时，他说：“那就是小费利贝。”住在这条街上的人都认出了这个孩子是费利贝·夏凡德雷，其中包括男孩的校长，他根据小伙子死时佩戴的奖章认出了他。

“然而，邻居、姐夫、校长和母亲都弄错了。六周后，孩子的身份被确定了。这个男孩来自波尔多，他在那里被谋杀，并被带到巴黎。”

值得注意的是，这些指认通常是由妇女和儿童做出的——最容易轻信的人。这些也向我们展示了，这些证人在法庭上没有什么价值。尤其是儿童，他们的陈述永远不应被引证。法官习惯相信，孩子不会撒谎。哪怕他们有一点儿心理学知识，就会知道，恰恰相反，儿童总是在撒谎。孩子的谎言无疑是无辜的，但谎言就是谎言。即便是通过抛硬币的方式来决定被告人的命运，也比通过儿童的证词来决定被告人的命运要好得多。

还是回到群体的观察能力上来吧。我们得出的结论是，集体观察最容易出错，大多数情况下，它只是个人的幻觉，通过一个传染过程，暗示了他的同伴。无数事实证明，完全不信任群体证据是可取的。

25年前，在色当战役中，成千上万的人参与了著名的骑兵冲锋，但极其矛盾的证词，使人们至今也不清楚到底是谁领导的这场战役。英国将军沃尔斯利勋爵在最近的一本书中指出，到目前为止，对于滑铁卢战斗中最重要的事件，有很多人犯了最严重的错误——而这些事实都是由数百名证人证实过的。[①]

这些事实向我们展示了群体的证词的真正价值。逻辑学论文有众多证人的一致同意，甚至可以用来证明事实确实如此。然而，我们对群体心理学的研究表明，关于逻辑学论文需要在这一点上重写。最值得怀疑的事肯定是最多人观察到的事。但越是说成千上万的人同时看到了一件事，真相与大家的说法往往会大相径庭。

因此，历史作品必须被视为纯粹想象力的产物。它们是对部分观察事实的描述，加上对反思结果的解释。写这样的书绝对是浪费时间。如果古人没有给我们留下文学、艺术和纪念作品，那么，我们应该完全不了解过去时代所发生的事情。我们知道人类历史上扮演重要角色的伟人——像赫拉

---

① 对应一场战争，我们能知道它是怎么发生的吗？对于这一点，我非常怀疑。我们知道谁是征服者，谁是被征服者，但这大概就是全部了。德哈库尔先生目睹并参与了索尔费里诺战役，哈库尔所说的一席话可能适用于所有战斗。“将军们（当然，数百名证人证实过）上交了他们的官方报告；值班官员修改了这些文件并确定了终极版本；参谋长提出反对意见并重新整理了全部内容。文件被送到元帅那里时，他喝道：完全错误，此前版本被改得面目全非，原始报告几乎没有内容保留下来。”德哈库尔提到这个事实，即便给人印象最为深刻、观察最为充分的事件，也难以确认真伪。

克利特、释迦牟尼或穆罕默德等——的生活吗？很可能不知道。事实上，对我们来说，他们的真实生活并不重要。我们只是关心伟人所塑造出来的形象而已，也就是传说中的英雄，而不是真正的英雄。

不幸的是，传说——尽管它们已被书籍明确记录——本身并不可靠。由于时间的流逝，尤其是种族原因，群体的想象力不断地改变着它们的版本。在《旧约》里的耶和华与圣德肋撒的爱之神之间存在着巨大的鸿沟，而在中国所崇拜的佛陀与在印度受到崇拜的佛祖也并没有任何共同之处。

无需几个世纪，英雄就会离我们而去，因为他们的传说会被群体的想象力所改变。有时，这种转变会发生在几年之内。在今天这个时代，我们已经看到了，历史上最伟大的英雄的传说在不到五十年里被改变过数次。在波旁王朝时期，拿破仑是一位田园派和自由主义的慈善家，根据诗人的说法，这位谦逊的朋友注定要被打上乡村的印记。30年后，这位随和的英雄成了一个血腥的暴君，在篡夺权力和破坏自由之后，仅仅为了满足自己的野心就屠杀了300万人。目前，这一传说又有了新的说法。几千年后，未来的学者在面对这些相互矛盾的说法时，或许会怀疑英雄的存在，怀疑佛陀的存在，并认为他只不过是另一个太阳神话或赫拉克勒斯传说的演绎。对于这种不确定性，他们很容易安慰自己，因为，他们比我们更了解群体的心理，知道历史只能依靠神话才能让记忆得以保存。

## 3. 群体情感的夸张化和简单化

无论群体表现出的感情是好是坏，它们都呈现出简单化和夸张化的双重特征。在这一点上，和许多其他人一样，群体中的个体接近于原始人，他无法区分细微的差别，将事物视为一个整体，并对中间过渡阶段视而不见。群体情绪的夸张也受到另一个因素的强化：不论什么感觉，一旦表现出来，就会通过暗示和传染迅速地传播。对于它所明确认可的目标，力量会得到极大的增强。

群体情绪的简单化和夸张化导致群体不知道怀疑和确定性为何物。就像女人一样，会立刻走向极端。被怀疑的事一旦说出来，立刻会变成无可辩驳的事实。对于一个孤立的个体来说，反感或不满的情绪，并不会愈演愈烈；但在群体中，这些情绪可以立即变成愤怒的仇恨。

由于缺乏责任感，群体感情的暴力也在增加，特别是在异质群体中。意识到法不责众，人数越多，这一观念越被强化。此外，群体人数众多，会为个体赋予力量，使群体情绪表现出孤立个体所不具有的情感和行为。在群体中，愚蠢、无知和嫉妒的个体，不再有无足轻重和无能为力的感觉，而是产生了一种残酷、短暂但又巨大的力量。

不幸的是，人们这种夸大其词的倾向往往会带来不良情绪。这些情绪是原始人本能的残余，对惩罚的恐惧，迫使孤立的、负责任的个体在行为上有所遏制。因此，群体很容易做出恶劣的事情。但这并不意味着群体不能在受到积极暗示时具备英雄主义、奉献精神或最崇高的美德，他们比孤立的个体更容易展现出这些品质。当研究群体道德时，我们还会回到这一点。

鉴于群体有夸大感情的倾向，它们只会被极端情绪所打动。为了打动群体，演说者必须滥用词汇、信誓旦旦。夸大、肯定、不断重复，从不试图通过推理来证明任何东西，这是公开集会上演讲家所惯用的辩术。

此外，群体在其英雄的情感中，也会做出类似的夸张。对于英雄表现出来的品质和美德，他们会夸大其词。值得注意的是，在舞台上，群体希望作品中的主人公能表现出超乎现实的勇气和美德。

从剧场中看事物的独特视角非常重要。这样的视角无疑是存在的，但它的规则基本与常识和逻辑无关。吸引群体的艺术无疑是低级品味的，但它需要特殊的技巧。阅读剧本通常不能解释戏剧成功的原因。接下一部作品时，剧院经理自己对戏剧能否成功也不能确定，因为要判断这个问题，他就得站在观影者的角度。①

《夏雷的教母》曾遭到所有剧院的拒绝，最后在股票经纪人的帮助下上演，法国表演两百场，英国表演一百场。

---

① 由于这个原因，有时候被所有戏剧经理拒绝的作品在搬到舞台上后，会取得惊人的成功。法国右翼作家科佩的作品《为了荣耀》获得了巨大的成功，但这部作品曾被频繁拒绝，尽管当时作者小有名气。

如果不是作出以上解释，即剧院经理不可能在心理上代替观众，那么他们犯这样的错误就难以理解。对此，我不再展开叙述，但值得具有戏剧知识又懂心理学的学者好好研究一下，比如像萨尔塞这样的作家。

在这里，我们再一次进行更广泛的解释，说明种族因素带来的强大影响力。在一个国家引起群体热情的戏剧有时在另一个国家并没有成功，或者只有部分的和一般的成功，因为它没有打动异地的群体。

我不必多说，群体中夸大的倾向只对情感有影响，无关智商。我已经阐明，个人一旦成为群体的一员，他的智力水平立即骤跌。一位学识渊博的法官塔尔德先生也在他对群体犯罪的研究中证实了这一事实。然而，就情感而言，群体可以将其提升至极高的水平，或者相反，降至极低的水平。

## 4. 群体的偏执、专横和保守

群体只知道简单和极端的情绪；对于暗示给他们的观点、想法和信仰，他们要么接受，要么拒绝，没有中间地带，并将其视为绝对的真理或错误。信念通过暗示诱导而不是逻辑推理产生，历来如此。与宗教信仰有关的偏执及其对群众思想的专制，早就为人所知。

一方面，群体对于什么是真理或什么是错误存在疑问；另一方面，群体对自己的实力有清晰的认识，所以，显得既专横又偏执。个人可以容忍矛盾，进行讨论；群体则永远不会这样做。在公开集会上，演说家即便做出最轻微的反驳，也会立刻受到愤怒和粗暴的辱骂与怒吼；如果演说家还坚持他的观点，就会被暴力地驱逐。实际上，如果没有权威代表的制止，演说家往往会被处死。

对于所有群体来说，专横和偏执都很常见，只是程度也有所不同。在这里，种族的基本概念又产生了作用，它支配着人们的感情和思想。特别是在拉丁群体中，群体的专横和偏执达到了很高的水平。

事实上，拉丁裔群体完全摧毁了盎格鲁-撒克逊人强大的个人独立精神。拉丁群体只关心他们所属教派的集体独立性。这种独立的概念，需要那些存在分歧的人立即服从他们的信仰。在拉丁语种族中，自宗教法庭时代以来，各个时代的雅各宾派人从来没有想过，除了他们的自由之外还会有其他的自由。

专横和偏执是群体非常明确的情感，这些观念很容易产生，并且只要受到暗示，它们随时会付诸实践。群体对权力表现顺从，但对仁慈却冷眼旁观，对他们而言，接受善意几乎是一种示弱。他们从不同情那些随和的领袖，而是屈服于那些压迫他们的暴君。他们总是为暴君竖起最壮观的雕像。确实，他们敢于踩压被剥夺了权力的暴君，这是因为，已经失势的暴君与普通人并无二致。他遭到鄙视，因为人们不再怕他。群体维护的英雄总是如恺撒一般的人。他的徽章吸引着他们，他的权威震慑着他们，他的利剑让他们充满了恐惧。

群体随时准备反抗软弱的统治者，却在强大的专制面前低声下气。如果一个专制的力量是间歇性的，总是屈从于极端情绪的群体也会反复无常，时而无法无天，时而卑躬屈膝。

然而，如果相信群体的革命本能会发挥主要作用，那就完全误解了他们的心理。在这一点上我们产生了错觉，主要是因为他们的暴力倾向。他们的反抗和破坏，爆发的时间总是非常短暂。群体强烈地受到无意识的支配，因而很容易受世俗等级制度的影响，变得非常保守。如若对群体放任不管，他们很快就会厌倦无秩序的生活，本能地变成奴才。当波拿巴压制一切自由、实行专制统治时，最忠实的拥护者，恰恰是那些最骄傲、最野性的雅各宾派人。

如果没有深刻认识到群体极度保守的本能，就很难理解历史，特别是人民革命的历史。他们可能渴望政权迭代，并且有时甚至为此参与暴力革命，但这些制度的本质仍是他们种族对于专制的需求。他们不断的变化，影响的只是非常表面的事情。事实上，他们拥有保守的本能，就像原始人一样坚不可摧。他们绝对地迷恋并且尊重传统，本能地害怕所有能够改变其生存基本条件的新奇事物，这种无意识的恐惧根深蒂固。如果在发明机械织机或引入蒸汽动力和铁路时代，民主就拥有今天所掌握的权力，那么，这些发明是不可能实现的，或者只能以不断革命和反复屠杀为代价。对于文明的进步而言，当科学和工业大发明已经实现后，群体的力量才开始出现，这是值得庆幸的。

## 5. 群体的道德

如果“道德”这个词用来表示对某些社会习俗的尊重，以及对自私冲动的永久压抑，那么，很显然，群体过于冲动善变，因而是不道德的。然而，如果道德一词中包括某些可以一时表现出来的优秀品质，例如忘我、自我牺牲、无私、奉献和渴望平等，那么，我们可以说，群体有时可能会表现出非常崇高的道德。

研究群体的少数心理学家，只从犯罪行为的角度研究他们，注意到他们频繁地犯罪，于是得出结论，群体的道德水平非常低劣。

毫无疑问，这种情况经常发生。为什么呢？因为我们的野蛮和破坏性的本能是从原始时代遗传下来的。在孤立个体的生活中，对他来说，满足这些本能是危险的，而当他处于不需要负责任的群体中，他确信不会受到惩罚，便会彻底放纵这种本能。在日常生活中，我们无法在同伴身上发泄这种本能，便把它发泄到动物身上。追捕猎物的热情与群体的凶猛行为，都源于此。群体慢慢屠杀一个手无寸铁的受害者时，表现出一种怯懦的凶残。对哲学家来说，一群猎人聚集起来，带上猎犬，追逐并杀死一头鹿的凶狠，与之并无二致。

群体可能会犯谋杀罪、煽动罪或各种罪行，但它也有非常崇高的奉献、牺牲及无私的精神，可以做出比孤立个人更为高尚的行为。以荣耀、荣誉和爱国主义作为号召，很容易影响到群体中的个人，并能在某种程度上引导个体牺牲自己的生命。历史上有很多的例子，类似于十字军和1793年的志愿者。只有集体才能表现出极大的无私和奉献精神。多少群体为他们一知半解的信仰、想法和口号而英勇赴死！罢工的群体更多地是为了服从命令，而不是单纯为了增加他们微薄的工资。个人利益很少能成为群体的强大动力，却几乎是孤立个体的唯一动机。在许多战争中，引导群体的肯定不是个人利益。群体的智商很难理解战争的意义，但他们却甘愿被屠杀，就像猎人眼中被催眠的百灵鸟一样。

即使是纯粹的流氓，身在群体中，也会被赋予严格遵守道德的力量。泰纳指出，9月大屠杀的罪犯，将他们在受害者身上找到的钱包和珠宝放在委员会的桌子上，他们原本可以轻易地将这些东西带走。1848年革命期间，衣衫褴褛的群众呼喊着闯入杜伊勒利宫，并没有带走任何令他们震惊的物件，而对他们来说，每一个物价都意味着多日的面包。

群体对个人的道德净化作用肯定不会一成不变，但这是一种经常被观察到的现象，甚至在情况并不严重的环境下，也能看到。我曾经说过，观众希望在戏剧中看到美德被夸大的英雄。我们常常发现，一场集会，即使参与者都是道德低劣之人，这些人也会表现出很守规矩的样子。浪子、老鸨和小无赖，遇到有点危险的争吵或言语时，会变得轻声细语，虽然与他们习惯性的说话方式相比，这种场合并不会造成多少伤害。

虽然群体经常放纵自己低劣的本能，但有时候，他们也会成为崇高道德行为的榜样。如果无私、顺从、绝对忠诚于或虚或实的理想属于美德，那么，群体常常拥有这些美德，其水平即使是最聪明的哲学家也很少达到。毫无疑问，群体是在无意识地实践这种美德，但这没有关系。我们不应该对群体责备求全，说他们经常受无意识的支配，不善于动脑筋。在某些情况下，如果他们考虑自己的眼前利益，或许就没有文明能够在我们这个世界上成长起来，人类也就没有历史了。

# 第三章
# 群体的观念、推理和想象力

1. 群体的观念。基本观念和次要观念 / 为何相互矛盾的观念可以共存 / 高深的观念必须经过改变，才能被群体所理解 / 观念的社会影响力与它们是否包含真理无关。

2. 群体的推理。群体不受推理的影响 / 群体的推理总是处于非常低劣的水平 / 他们接受的观念只有表面上的相似性或连续性。

3. 群体的想象力。群体有强大的想象力 / 群体通过形象进行思考，这些形象之间没有任何逻辑关系 / 群体容易被神奇的故事打动，传说和神奇的故事是文明的真正支柱 / 民众的想象力是政客的力量基础 / 能激发群体想象力的事实是如何出现的

## 1. 群体的观念

在前面研究群体观念在民族发展中的作用时，我们发现，每个文明都是由少数几个稳定的基本观念塑造出来的。我们研究了这些观念如何植入群体思想中的，该过程中存在哪些困难，以及一旦完成植入，这些观念所产生的力量。最后，我们发现，历史巨变通常是这些基本观念变化带来的结果。

对于这个问题，我已经进行了很多描述，现在不再讨论它。接下来，我将主要探讨群体可以接受的观念，以及他们接受观念的方式。

观念可以分为两大类。一类是当下影响产生的偶然的、变化的想法，例如，对个人或学说的迷恋。另一类是基本观念，它们因由环境、遗传和舆论共同作用形成，具有很强的稳定性，包括过去的宗教信仰和当今的社会民主思想。

这些基本观念就像是缓慢流淌的溪流，而短暂的想法就像一朵朵小浪花，不断变化，搅动河流的表面，比河水的流动更显而易见，但它们并不重要。

目前，支撑我们父辈人生信条的重要基本观念也受到了冲击。它们不再坚如磐石，与此同时，建立在此之上的制度也开始严重动摇。每天都有很多短暂的观念出现，但很少有看起来充满活力的观念，也不像是会产生持久的影响力。

无论向群体传递什么观念，只要绝对、毫不妥协，并且简单，就会产生有效的影响。然后，这种观念会被赋予某种形象，只有以这种形式出现，群众才能接受这种观念。这些形象化的观念之间并没有任何相似或者相承的逻辑联系，可以互相取代，如同操作员随意切换的幻灯片。这解释了为何相互矛盾的观点会在群体中同时出现。随着时机不同，群体会受到其所能理解的不同想法的影响，从而做出荒诞或奇怪的行为。群体缺乏批判精神，认识不到这些矛盾的存在。

这种现象并不是只发生在群体中。在许多孤立的个体中也能观察到这种现象，不仅在原始人身上，也在所有在某个方面智力接近于原始人的个体身上，例如，具有狂热宗教信仰的人。对于在欧洲的大学学习并获得学位的印度人而言，许多西方观念已经附加在他们根深蒂固的传统或社会观念之上。根据环境不同，会出现这一套或另一套想法，伴随着相应的行为或言语，同一个人也会表现出极为矛盾的行为。这些矛盾颇为表面，因为只有遗传特性才能强大到足以影响孤立个体，成为其行为动机。只有当不同种族通婚，一个人被置于不同的观念之中，他的行为才会真的变得完全矛盾。虽然研究他们的心理特征很重要，但在这里没有深究这些现象。我认为，要理解这些，至少需要十年的旅行和观察经历。

一个观念，如果要被群体接受，必须经常经历最彻底的改革，变得足够简单。特别是崇高的哲学或科学思想，它们必须要进行修改，将其降低到群体智能所能接受的水平。要做哪些修改取决于群体的智力水平，或群体所属种族的智力水平。这解释了一个事实，即从社会的角度来看，实际上，群体内几乎没有任何层次结构，也就是说，不论想法多么高深或低劣，开始时多么伟大或真实，一旦进入群体的知识范围，并对其产生影响，几乎会丧失掉所有有高度或伟大的成分。

而且，从社会的角度来看，观念的等级价值及内在价值并不重要。需要考虑的是它所产生的社会影响。中世纪的基督教思想，上个世纪的民主思想，或今天的社会主义思想，的确都不是很崇高。从哲学角度考虑，它们只能被视为对民众的误导，但它们已经产生并将继续拥有巨大的力量，在很长一段时间内，它们将成为决定国家行为的最重要因素之一。

即使一种观念已经经历变革，被群体所接受，但要使其对群体产生影响，还需要经历一系列过程，进入无意识的领域，成为一种情绪，而这需要很长一段时间。

观念正确不一定就能产生影响，即使对于接受过教育的人来说也是如此。有些证据确凿，对大多数人产生的影响却微不足道，了解了这一点，便不难认识到这一事实。如果证据清晰明了，受过教育的人可能会接受，但很快就会被他的无意识带回到原来的观念中。几天过后，他将会以完全相同的方式重新提出他的旧论点。实际上，他仍处于先前观念的影响之下，这些观念已然成为习惯。而这些旧观念才是影响我们的行为和话语更为隐蔽的动机。在群体中亦是如此。

当一个观念历经各种过程，渗透到群体当中，它会拥有不可战胜的力量，产生一系列的影响，此时再反对它也是徒劳的。法国大革命的哲学思想，花了将近一个世纪，才被植入到群体的脑海中。一旦这些思想得以扎根，其不可抗拒的力量就会尽人皆知。此后，整个国家都在争取社会平等，为了实现抽象的权利与理想的自由而不懈努力，致使王权垮台，深深地扰乱了西方世界秩序。二十年来，各国都发生了内部冲突，欧洲经历了甚至能令成吉思汗和帖木尔都胆战心惊的大屠杀。一个观念的传播带来如此规模巨大的动荡，这种现象世界上从未出现过。

想要在群众中传播并建立一种观念需要很长时间；同样，消除这些观念的影响也需要一段时间。因此，就观念而言，群体总是落后于博学之士和哲学家几代人。政治家们都清楚，我前述提到的观念有些是错误的，但由于这些观念的影响力非常强大，他们仍选择按照自己都不相信的基本观念进行管理。

## 2. 群体的推理能力

不能绝对地说，群体没有理性或不受理性影响。

但是，从逻辑的角度来看，他们所采用的论证和能够影响它们论证的方式相对低级，因此，将这种方式描述为推理，只能算是一种比喻。

就像高阶的推理一样，群体的低阶推理也建立在观念的联系基础之上，只是在群体推理的各种观念中都有着明显的类比或连续关系。群体的推理模式类似于爱斯基摩人。爱斯基摩人从实践中知道冰这种透明的物质在嘴里会融化，于是得出结论，透明物质玻璃在嘴里应该也会融化；或者类似于野蛮人，想象通过吃勇敢敌人的心脏，就能获得他的勇敢；或者一个工人被雇主剥削，立即断定所有雇主都剥削工人。

群体推理的特征是，在本质不同但表面相似的事物之间建立关联，并将特殊的情况看作普遍的规律。这种推理方式被统治者拿来操纵群体。群体无法理解层层递进的逻辑论证，他们不会推理，或者说他们只会错误地推理，不会受到真正推理的影响。有些演讲稿的逻辑漏洞百出，读起来令人不可思议，但这些演讲却对群体产生了巨大的影响。人们忘记了一点，演说的目的是为了说服集体，而不是讲给哲学家听的。与群体深入交流的演说家，知道如何用形象来吸引他们。如果他成功了，他的目标就实现了，即便二十本书的精华也不及能够说服群体的只言片语来得更有力量。

群体缺失推理能力使得他们不具有批判精神，即不能从错误中辨别真相，或者对事物进行准确的判断。群众接受的只是强加于他们的判断，而不是在讨论后作出的判决。关于这个问题，个体也不见得比群体水平高多少。某些意见获得普遍接受，但却不一定正确，因为大多数人不可能根据自己的推理得出个人看法。

## 3. 群体的想象力

正如没有推理能力的人一样，群体的形象化想象力非常强大，非常活跃，且很容易受到影响。人物、事件、事故在他们的脑海中唤起的形象，几乎与现实一样逼真。群体在某种程度上就像睡眠者，暂停理性思维，但在脑海中却能产生鲜明的形象，这些形象在思考中会很快消散。群体既不会反思，也不会推理。他们认为，世上无难事，没有不可能的概念。值得注意的是，一般来说，最不可思议的事情往往是最引人注目的。

这就是为什么一个事件中总是最奇妙、最传奇的一面更能打动群体。对文明进行分析发现，实际上，真正支撑文明的恰恰是最奇妙和最传奇的事件。在历史上，表象总是比现实发挥更重要的作用，虚幻总是比真实来得更为重要。

群体只能通过形象思考，也只能被形象所吸引。只有形象才会震慑或吸引他们，并成为其行动的动机。

正因为如此，戏剧以最清晰可见的形象呈现，所以，总能对群体产生巨大的影响。面包和壮观的表演是古罗马平民心中的幸福理想，此外别无所求。在整个历史发展进程中，这种理想几乎没有任何变化。没有什么比戏剧更能对群体想象力产生巨大的影响。所有观众同时经历同样的情绪，如果这些情绪没有立刻转化为行为，那是因为，即使最无意识的观众也知道，他们看到的一切皆是虚幻，哭泣、欢笑完全是由于剧情的感染。然而，形象表达的情绪如此强烈，以至于他们会像习惯性暗示一样，倾向于将情绪转化为行为。例如，一个受欢迎的剧院经理，常常需要在反派演员离开剧院时对其给予保护，以防止受到暴力观众的攻击。他所犯的罪行，尽管是想象出来的，仍引起了观众的愤怒。在我看来，这是群体精神状态被暗示后最显著的迹象。虚幻对他们的影响几乎和现实一样。他们几乎无法区分两者的差别。

征服者的力量和国家的力量都建立在群体想象力的基础之上。更具体地说，是通过对群体想象力的引导来拥有这样的力量。所有重大的历史事件，佛教、基督教及伊斯兰教的崛起，宗教改革，法国大革命，以及在我们自己的时代，社会主义的风行，都是对群体想象力产生强烈影响的直接或间接结果。

此外，不同时代和不同国家所有伟大的政治家，包括最独裁的暴君，都会把大众的想象力视为他们权力的基础，在管理群众时他们会严格遵循这一点。“我让自己成了天主教徒，”拿破仑对国会说，“于是我终止了旺代战争；我把自己变成了穆斯林教徒，于是我在埃及站稳了脚跟；我信奉了教皇的至高无上，于是我获得意大利神父的支持；如果让我管理一个犹太人的国家，我也会重建所罗门的神庙。”继亚历山大和恺撒之后，没有谁比拿破仑能更好地理解如何利用群体的想象力。他一直深谙此道，他在胜利时、训斥时、演讲时以及所有行为中，都在运用这一点。在临终时，他仍然对此念念不忘。

如何影响群众的想象力呢？我们很快就会知道。需要指出的是，绝不是通过研究智力或推理能力，或者说，通过示例论证来实现的。安东尼成功地发动民众去进攻杀害恺撒的凶手，并不是通过雄辩地演说，而是通过读懂恺撒对群众的遗嘱，并用手指向他的尸体。

无论影响群体想象力的是什么，都需要以有冲击力的清晰形象呈现出来，去掉所有附加的解释，或仅仅保留一些美好的或富有神秘色彩的事实：例如，一场巨大的胜利，一个伟大的奇迹，一桩滔天的罪行，或一个美好的希望。告诉群体事件的整体框架，但不必告知来龙去脉。一百个轻微的犯罪或事故不会引起群体的想象，而一次重大犯罪或重大事故会给他们留下深刻的印象，尽管其后果比不上一百个小事故的后果严重。几年前的流感导致了巴黎五千人死亡，但民众对流感并没有过多关注。原因是，流感的危害没有呈现出任何生动可见的形象，大众只是从每周的统计数据中获悉相关动态。假如出现一场事故，譬如埃菲尔铁塔倒塌，导致五百人而不是五千人死亡，但是，这件事在一天内发生，发生在公共场所，由于该事故强烈地吸引眼球，那么，它就会对群体想象力产生巨大的影响。在消息不发达的时代，假设一艘跨大西洋轮船在大洋中失踪，会吸引群体一周的注意力。然而，官方统计数据显示，仅在1894年，就有850艘帆船和203艘轮船失踪。尽管这些连续发生的事故造成的生命和财产损失远远高于大西洋班轮失踪带来的损失，但大众却从来没有关注过。

所有，事实本身并不会影响群体的想象，事实发生和引起注意的方式才是关键。只有通过浓缩加工，事件才会以一种令人惊叹的形象呈现出来。谁能影响群体的想象力，谁就掌握了管理群体的艺术。

# 第四章
# 群体的所有信仰都采取宗教形态

宗教情感是什么意思 / 它独立于对神的崇拜 / 它的特征 / 采取宗教形式的信念的力量 / 各种例子 / 民众所崇拜的神从未消失 / 它们复活的新形式 / 无神论的宗教形式 / 从历史的角度看这些概念的重要性 / 宗教改革、圣巴多罗麦大屠杀、恐怖时期和各种类似事件都是群体宗教情感而非孤立个体意志的结果我们已经讨论过，群体不懂推理，只会全盘接受或拒绝某种观念，他们既不容忍讨论，也不容忍矛盾；我们也证明过，对他们施加暗示，会彻底瓦解他们的理解力，并促使其立即付诸行动。我们已经证明，对群体给予适当的影响，他们会愿意为了自己所信奉的理想随时牺牲自己。我们也看到，他们只偏好暴力和极端的情绪，在这种情况下，同情很快变成了崇拜，而厌恶一旦被唤起，反感就会变成仇恨。这些一般性描述，已经为我们揭示了群体信仰的性质。

当仔细研究这些信仰时，无论是在狂热的宗教信仰时代，还是上个世纪的政治大动荡时期，很明显地，他们总是以一种特殊的形式出现，我无法更好地定义它，姑且称其为宗教情感。

这种情感具有非常简单的特征，例如，崇拜一个被想象得高高在上的人，畏惧其被赋予的权力，盲目服从其命令，没有能力对信条进行讨论，只想着去传播信条，以及把不接受这些信条的人看作敌人。这种情感适用于看不见的上帝、木偶或是偶像、英雄或政治观念，只要具有前面的特征，便具有宗教的本质。在它身上体现出同等水平的超自然和神奇的力量。群体无意识地为能激起他们热情的政治信条或获得胜利的首领赋予了一种神秘的力量。

一个人若只崇拜神灵，还算不上有宗教信仰，只有当他把所有的思想资源、服从意愿、热情想象都献给某一项事业或某一个人，并将其作为自己思想和行动目标的指引，他才算是一个虔诚的信仰者。

偏执和狂热必然伴随着宗教感情出现。那些相信自己拥有尘世或永恒幸福秘密的人一定会表现出这些特征。当任何一个群体，受到某种形式的信念的暗示时，都会出现这两个特征。恐怖统治时期的雅各宾派与宗教裁判所的天主教徒同样虔诚，他们残酷的热情如出一辙。

群众的信念具有盲目屈服、激烈的偏执以及暴力宣传这些宗教情感中固有的特征，正因为如此，可以说所有的信仰都具有宗教形式。被群体称赞的英雄对于那群人来说是名副其实的神。拿破仑当了十五年这样的神，没有哪个神比他拥有更多的狂热崇拜者，没有哪个神比他更容易让人慷慨赴死。基督徒和异教徒的神都没能像拿破仑那样，对其信徒有如此强大的控制力。

所有宗教信仰或政治信条的创始人之所以建立这些信条，完全是因为他们成功地激发了人们的狂热情绪，使人们在敬拜和顺从中找到了快乐，并准备随时为他们的偶像赴死。在任何时代都是如此。福斯特尔德古朗格斯在他对罗马高卢人的作品中公正地评论说，罗马帝国的统治绝不是依靠武力，而是受到宗教信仰的启发。“这在世界历史上是前所未有的，”他不无道理地指出，“民众憎恶的政府，其统治却持续了五个世纪……帝国的三十个军团莫名其妙地得到了一亿人的服从。”他们服从的原因是，罗马伟大的皇帝被大众所崇拜，就像神一样。在他的王国，连最小的乡镇里都有皇帝的祭坛。“从帝国的一端到另一端，一个新的宗教兴起，人们将皇帝奉若神明。在基督时代以前，以60座城市为代表的整个高卢，都建立了一座神殿，与在里昂镇附近建造的那座类似，用以纪念奥古斯都大帝。由联合高卢城市选出的祭司是他们国家的重要人物……不可能将这一切都归因于恐惧和奴役。不可能整个民族都受到奴役，尤其是长达三个世纪之久。崇拜君主的不是朝臣，而是罗马；不仅仅是罗马，还包括高卢、西班牙以及希腊和亚洲。

今天，大多数统治者不再拥有祭坛，但他们有雕像，或者崇拜者手中有他们的画像，人们对他们的崇拜与过去并没有什么不同。只有透彻了解群体心理学的这一基本观点，才能更好地理解历史哲学。对群体来说，他们必须先有一个神，否则，其他根本无从谈起。

绝不要认为这些是过去时代的迷信，不要认为这些想法已经被理性所彻底清除。在与理性的永恒冲突中，感情从未失败过。群众不会再听到“神性”和“宗教”这些词，他们被这些词奴役了很久；但过去一百多年来，人们从未拥有如此多的崇拜对象，旧的神灵从未有过如此多的雕像和祭坛。近年来研究过所谓“布朗主义”民众运动的人会发现，群众的宗教本能是多么地容易复活。所有乡村旅馆都会摆放英雄的肖像，人们认为他有能力纠正所有的不公正和一切罪恶，成千上万的人愿意为他献出生命。如果他的性格配得上他传奇般的名声，那么，他一定也会在历史上获得崇高的地位。

因此，断言群众需要宗教，这是毫无用处的老生常谈，因为所有政治、神学和社会信仰，如果想在群众心中扎根，必须以宗教的形式出现，而这种形式可以有效地避免那些危险的讨论。如果有可能使群众接受无神论，这种信仰也会表现出宗教情感的所有偏执热情，而有了外在形式，它很快就会成为一种崇拜。实证主义小宗派的演变为我们提供了一个有力的证据。思想深刻的陀思妥耶夫斯基讲了一个关于虚无主义者的故事，这样的事情很快也会发生在实证主义者身上。有一天，他打破了装饰礼拜堂祭坛的神像和圣徒画像，灭了蜡烛，他马上用毕希纳和摩洛斯霍特等无神论哲学家的作品替换了毁坏的物品，虔诚地点上了蜡烛。他的宗教信仰的对象变了，但他的宗教感情真的改变了吗？

我再次重申，除非人们了解了群体信念长远角度所采取的宗教形式，否则，很难理解一些历史事件，我是指重大的历史事件。有些社会现象需要从心理学的角度，而不是自然主义角度进行研究。伟大的历史学家泰恩只从自然主义的角度对法国大革命进行研究，因此往往看到事件发生的真正原因。他完全地观察到了事实，但由于不研究群体心理学，他并不总能追溯到事件的缘由。这些事件中的嗜血、混乱和残酷令他感到恐惧，他在丰功伟绩的英雄身上只看到了这一面，一群癫痫的野蛮人，肆无忌惮地释放自己的本能。这场革命的暴力、它肆意的大屠杀、它对宣传的渴望，以及它的一切战争宣言，只有认识到这场革命不过是在群众心中建立了新的宗教信仰，才能够得到恰当的解释。宗教改革、圣巴托洛缪大屠杀、法国宗教战争、宗教裁判所以及恐怖时期都是同一类型的现象，这些都是由受宗教情感鼓动的群体所为，这些宗教情感必然驱使他们会用火与剑去无情地消灭那些阻碍建立新的信仰的人们。宗教法庭的方法，只有那些信念真诚而坚定的人们才会采用。而如果他们采用其他方法，他们的信念也就大打折扣了。

类似于我刚才提到的动荡，只有群众的内心想让它们发生时，才可能发生。即便最专制的暴君也无法造成这种事件。当历史学家告诉我们，圣巴托洛缪大屠杀是一位国王导致的，表现出他们自己对群众心理就像君王一样无知。这种命令只能从群体的灵魂发出。握有最绝对权力的最专制的君主，最多也只能加速或阻碍事件出现的时刻。发动圣巴托洛缪大屠杀或宗教战争不是国王，就如制造恐怖时期的不是罗伯斯庇尔、丹东或圣加斯特一样。这些事件的背后是群众的意志在发挥作用，而不是统治者运用权力的结果。

# 卷二

# 群体的主张与信念

# 第一章
# 群体的主张与信念的间接因素

群体信念的准备因素 / 群体信念的起源是初步阐述过程的结果 / 研究这些信念的不同因素。1.种族。它所产生的重要影响 / 它代表了先辈的暗示。2.传统。它们是种族精神的综合反映——传统的社会意义 / 成为需要后，它又如何变得有害 / 群体是传统观念最坚定的维护者 3.时间。先建立信念，然后毁灭它们。借助于时间因素，才能从混乱走向有序。4.政治与社会制度。关于它们的错误认识 / 它们的影响极其微弱 / 它们是结果，而不是原因 / 民族无法选择自己认为最好的制度 / 相同的制度标签后面掩藏着极为不同的东西 / 制度是如何建立起来的 / 某些制度在理论上是糟糕的，但对某些国家来说是需要的，比如集权制度。5.制度和教育。 关于教育影响群众的错误观点—统计说明 / 拉丁民族的教育对道德的破坏作用 / 教育可能产生的作用 / 各民族提供的例子。

在研究了群体的心理构成并熟悉他们的感受、思考和推理模式之后，我们现在将继续研究他们的主张和信念是如何产生和建立的。

决定这些主张和信念的因素有两种：间接因素和直接因素。间接因素能使群体接纳某些信念而拒绝接纳其他信念。这些因素为突然看到的结果做好了准备，某些新主张萌生出来，其力量和结果惊人，但这种自发只是表面现象。群体中某些主张的爆发和实践有时会突然发生。表面看起来如此，但其实背后已经有了长期的准备工作。

直接因素是那些叠加在漫长的准备工作之上的因素，没有长期准备工作，它们也不会产生什么效果。直接因素是积极劝说群众的源泉，也就是说，它们是导致这个主张成形并使其产生结果的因素。集体突然贯彻决议，产生于这些直接因素。骚乱爆发，发生罢工，民众推举某人掌权推翻政府，也取决于直接因素。

在所有重大历史事件中，我们都可以看到这两种因素在相继发挥作用。法国大革命是最引人注目的事件之一，其间接因素包括哲学家的著作、贵族的苛政和科学思想的进步。有了这样的准备，群众的思想就很容易受直接因素的影响，比如，演说家的演讲以及宫廷对无关紧要的改革的抵制都可能会激怒群众的情绪。

在间接因素中，有些普遍存在的因素被认为是群体所有信念和主张的基础。它们是种族、传统、时间、制度和教育。

我们现在来研究一下这些不同因素的影响。

## 1. 种族

种族这个因素必须放在第一位，因为它的重要性远远超过所有其他因素。我们已经在另一项工作中充分研究了它，因此，在这里不再赘述。在前一卷中，我们探讨了什么是历史种族以及它的性格如何形成。作为遗传规律的结果，这种力量使其信仰、制度和艺术——一言以蔽之，全部的文明元素——是种族禀赋的外在表现。我们证明过，种族的力量有这样的特点，不经历最深刻的变化，没有任何元素可以从一个民族传递到另一个民族。①

社会环境和各种事件代表了当下的社会暗示因素。它们可能会有很大的影响力，但如果这种影响与种族的暗示相悖，也就是说，与民族从其祖先那里继承的东西相悖，那

① 这个命题仍然很有新意，如果没有它，历史就会变得很难理解。我在自己的前一本书《民族演化的心理规律》中用了四章来论证这一内容。从中可以看出，尽管表象可能具有欺骗性，但语言、宗教、艺术，简言之，文明的一切元素，都不能完整地从一个民族传递到另一个民族。

么，这种影响总是暂时的。

在本书随后的几个章节中，我们将有机会再次触及种族影响，并表明这种影响巨大，以至于它可以决定群体秉性的特征。由此可见，不同民族的群体在信念和行为方面存在着巨大的差异，受到影响的方式也各不相同。

## 2. 传统

传统代表了过去的观念、需求和情感。它们是种族精神的综合产物，对人们有着巨大的影响。

自从胚胎学证明过去的时间对生物进化产生的巨大影响，生物科学已经发生变化；当这个概念变得更加普遍时，历史科学也会发生类似的变化。到目前为止，它还没有足够普及，许多政治家的认识并没有比上个世纪的理论家更先进，他们相信一个社会可以与过去分道扬镳，完全按照理性之光的暗示进行重建。

民族是由过去创造的有机体，并且像其他有机体一样，它只能通过缓慢的遗传积累发生变化。

传统能够引导人们的行为，当他们在群体中时尤其如此。像我反复提到的，他们看似可以轻松改变传统，但实际上只是换换名字和外在形式罢了。

对于这种情况，不必感到遗憾。没有传统，民族禀赋和文明都不可能存在。因此，自从人类存在以来，人们就有两大关注点：第一，建立一个传统网络；第二，当利益用尽时，破坏这些传统网络。没有传统就不可能实现文明；不破坏这些传统，就不可能取得进步。难点是在稳定和变化之间找到适当的平衡点。如果一个民族的习俗过于根深蒂固，就不能再进行改变，就像中国一样，无法改善自己。在这种情况下，暴力革命也无济于事，因为或者打碎的链条再次拼接在一起，过去的帝国原封不动地复辟，或者被打碎的东西弃之不管，颓败很快就会被无政府的混乱状态所代替。

对于一个民族来说，理想是保留过去的制度，一点一点、不知不觉地改变它们。这种理想很难实现。只有古代罗马人和近代英国人实现了它。

顽强地坚持传统观念、顽固地反对观念改变的正是群体。构成种姓的群体尤其如此。我已经强调，群体具有保守主义精神，即便最暴力的叛乱也只会以改变词语和术语而告终。在18世纪末，教堂被摧毁，牧师们被驱逐出国或上了断头台，人们可能会认为旧的宗教观念失去了所有的力量。但没过几年，面对普遍的呼声，人们又不得不重拾被废除的信仰。泰纳引用的前国民议会议员福克罗伊的报告在这一点上非常明确：

“到处都可以见到人们坚持礼拜和参加教会，说明大多数法国人都希望回到他们的旧习惯中去，抵制这种自然倾向显得不合时宜……绝大多数人需要宗教、礼拜仪式和牧师。以为教育普及到一定程度就可以消灭宗教偏见，这是一些现代哲学家的错误，我自己也曾犯过这种错误。对于许多不幸的人来说，这些宗教偏见是他们安慰的源泉……那么，必须允许广大群众拥有自己的牧师、祭坛和礼拜仪式。”

不久，旧的传统就已经恢复了它们的影响力。

没有任何例子可以更好地反映出传统在群体心中的力量。最可怕的偶像不住在庙堂里，也不是宫殿中最专制的暴君，这些都可以在瞬间被打破。但是，在我们内心占据统治地位的看不见的主人，任何反叛对他们来说都不奏效，只能靠数个世纪的时间慢慢磨损。

## 3. 时间

对于社会和生物问题，时间是最有力的因素之一。它是唯一真正的创造者，也是唯一伟大的毁灭者。是时间用沙子堆成了山，让地质时代的细小细胞幻化成人形。几个世纪的时间足以改变任何现象。人们已经观察到，一只蚂蚁若拥有足够的时间，也可以将布朗克山夷为平地；一个人若能随意改变时间，便拥有了信徒赋予上帝的那种能力。

然而，在这里，我们只关心时间对群体主张起源的影响。从这个角度来看，它的作用仍然是巨大的。比如，种族的伟大力量建立在时间的基础之上，没有时间就无法形成观念。它导致所有信念的诞生、成长和死亡。借助于时间，它们获得了力量；也是通过时间，它们失去了力量。

时间为群体的主张和信念提供了准备，或者至少为它们的萌发提供了土壤。这就是为什么某些想法可以在一个时代而不是另一个时代实现的原因。时间积累了大量的信念和思想碎片，使主张在特定时期得以形成。它们不会偶然或随意出现，而是已经在过去酝酿了很久。这些主张和观念之所以能够开花，是因为时间做了准备；要了解它们的起源，有必要追溯它们的过去。它们是过去的女儿，是未来的母亲，但始终都是时间的奴隶。

因此，时间是我们真正的主人，只要让它自由地发挥作用，就足以看到所有变化。目前，面对群众可怕的愿望以及由此预示的破坏和动荡，我们感到非常不安。只有依靠时间，才能帮助恢复平衡。“没有哪种统治形式，”拉维斯先生写道，“是一天建立起来的。政治和社会组织的形成需要几个世纪的时间。封建制度在建立其规则之前，在动荡、混乱的状态下度过了几个世纪；君主制也是存在了几个世纪之后，才找到了稳定的统治方式，而这些过渡期都极为动荡不安的。”

## 4. 政治和社会制度

制度可以弥补社会缺陷，民族的进步是制度和政府改善的结果，社会变革可以通过法令来实现——我认为，这个观点仍然被普遍接受。它是法国大革命的起点，当今的社会理论都是以此为基础的。

最连续持久的经验也不能撼动这种荒谬的想法。哲学家和历史学家努力证明其荒谬，却徒劳无功；但他们不难指出，制度是观念、情感和习俗的产物，而且观念、情感和习俗不能通过重写法典来塑造。一个民族不能随意选择其制度，就像一个人不能选择其头发或眼睛的颜色。制度和政府是种族的产物。它们不是时代的创造者，而是由时代所创造的。对民族的统治不是随意选择，他们的性格决定他们将受到统治。形成一个政治体系需要几个世纪的时间，改变它同样需要几个世纪。制度没有固有的品质：它们本身既不好也不坏。那些在特定时期对特定民族有益的制度，对另一个民族来说可能是极端有害的。

而且，一个民族没有能力真正改变其制度。毫无疑问，以暴力革命为代价，它可以改变制度的名字，但从本质上讲，没有任何变化。这些名字只是无用的标签，一位历史学家，只要稍微深入地研究一下事物，几乎不关心这些名称。例如，正是通过这种方式，英国这个世界上最民主的国家仍然生活在君主政权之下，而最具压迫性的专制统治出现在原属西班牙的美洲共和国，尽管他们都有共和宪法。民族的命运取决于它们的性格，而不是政府。我曾在前一本书中，通过提出明确的例子论证过这一观点。[①]

了解每个民族的法律和制度，才能明白它们恰恰是每个种族需求的表达形式，正是由于这个原因，才没有发生暴力的革命。例如，人们有可能沉迷于关于集权制利弊的讨论；当我们看到一个由不同种族组成民族，人们花了一千年努力来实现这种集权制；当我们发现，一场伟大的革命，以毁灭过去所有制度为目标时，就不得不尊重这种集权制，甚至加强它；在这种情况下，我们应该承认，这是一种强烈需求的产物，它是这个民族存在的条件。对于那些企图摧毁集权制的政治家，我们应该怜悯他们可怜的智商。如果他们在这

---

① 最激进的共和党人也承认这一事实，甚至包括美国共和党人。美国杂志《论坛》最近对这一意见作了明确表达，我现将内容引述如下。根据1894年12月的《评论之评论》的内容：

"人们不能忘记，即使是最强烈地反对封建制度的人，英国今天仍然是世界上最民主的国家，个人权利最受尊重的国家，个人拥有最大自由的国家。因此，花时间去制定枯燥的宪法是一项幼稚的任务，一个无知的修辞学家的无用劳动。需求和时间会创造制度，我们让它们发挥作用即可。这是盎格鲁撒克逊人采用的计划，正如他们伟大的历史学家麦考利教导我们的那样。他的那段话，所有拉丁国家的政治家应该用心去学习。他指出了法律可能带来的所有好处，从纯理性的观点看，那些法规似乎是荒谬和矛盾的，一片混乱；随后，他又对拉丁民族十多部终结于动乱中的宪法与英国宪法进行了比较，并指出，英国宪法是一点一点逐步改变的，主要受直接需求的影响，而不是根据推测推理进行修改的。

不要考虑对称性和方便性；不要仅仅因为出现异常而废除它；除非感受到一些不满，否则永远不要变革；除了摆脱不满之外永远不要创新；永远不要将具体案例扩大化；这些规则，从约翰时代到维多利亚时代，指导着我们的250年议会的审议。"

种尝试中偶然取得成功，那将立刻成为可怕的内战信号。[①]此外，它会立即带来一种比旧的集权制更具压迫性的新的集权制。

综上所述，结论是，我们不该在制度中寻求能够深刻影响群众精神的手段。我们看到有些国家，例如美国，在民主制度下达到高度繁荣，而其他国家，例如西班牙裔美洲共和国，在几乎相同的制度下，却生活在悲惨的无政府混乱状态中。我们应该承认，这些体制与国家的伟大或颓废并无关联。民族受其性格的支配，所有与其民族性格不匹配的制度只是借来的装饰，是短暂的伪装。毫无疑问，为了强行推行制度，曾经发生过血腥战争和暴力革命，未来还将会继续。人们像对待圣人的遗骨一样，赋予了这些制度创造幸福的超自然力量。从某种意义上我们也可以说，制度反作用于群体的思想，因为它们会引起这种动荡。但实际上，不是制度以这种方式作出反应，因为我们知道，无论是胜利还是失败，制度本身都没有好坏之分。是幻想和言语影响了群体的思想，尤其是言语，那些荒诞而强大的词语，我们随后将展示它们惊人的力量。

---

① 如果研究一下大革命时期法国各党派之间深刻的宗教和政治分歧，尤其是社会问题，以及革命时期出现、法德战争即将结束时再次展现的分裂主义倾向，不难看出，法国的不同种族之间离完全融合还差得远。大革命建立了强大的集权化，人为地建立了一些部门，以实现古代省份之间的融合，这当然是大革命最有价值的成绩。如果让今天那些缺乏远见的人期待的分权成为现实，那么，将迅速导致混乱的局面。忽视这一事实，就是忘记了法国的历史。

## 5. 教育

在当前时代的主导思想中，最重要的一个观念是，教育能够大大改变人，并且必然会改善人，甚至使他们变得平等。仅仅通过不断重复的方式，这种说法已经成为最坚定的民主教条之一。现在攻击它就像以前攻击教会的教条一样困难。

然而，在这一点上，与许多其他方面一样，民主思想与心理学和经验的结果存在深刻的分歧。许多著名的哲学家，包括赫伯特·斯宾塞，都明确地指出，教育既不会使一个人更有道德感，也不会使人更快乐；既不改变他的直觉，也不改变他的天生激情。而有时，只需要一些错误的引导，害处远大于好处。统计学家确认了这一点，随着教育的普及化或某些培训的增加，犯罪率在不断增加；社会最大的敌人，即无政府主义者，曾是学校的奖学金获得者。在最近的一份报告中，一位杰出的地方法官阿道夫·吉约指出，目前文盲犯罪与受教育者犯罪的比例是1000：3000，而过去50年来，每10万人的犯罪群体人数从227变为552，增加133%。他还与他的同事们一致指出，犯罪行为在年轻人中增加尤其明显，众所周知的，在法国，免费义务教育代替了缴费制。

当然不能说，正确的教育也带不来什么有用的结果，也没有人支持这一主张。因为即使不能提高道德标准，至少在发展专业能力方面有所帮助。不幸的是，拉丁人民的教学制度建立在非常错误的原则之上，特别是在过去的二十五年里，尽管最著名的思想家，例如布雷尔、库朗热、泰纳等提出了批评，拉丁人民仍坚持自己可悲的错误。在前段时间出版的一部作品中，我已指出，法国的教育将大多数接受过教育的人变为了社会的敌人，并让无数学生加入了最恶劣社会主义阵营。

这种教育制度的主要危险——非常符合拉丁民族的秉性——包括这样一个事实，即它是基于心理学错误之上的，即智力是可以通过背诵教材提高的。采纳这一观点，便会尽可能背诵书本知识。一个年轻人，从小学到大学，除了在没有判断或个人主动性的情况下获得书本知识，什么也不做。教育在他在心里只是背诵和服从。

“学课文，背诵语法或纲要，不断重复，认真模仿，”前公共教育部长朱勒西蒙写道，“这是一种荒谬的教育形式，其一切努力都是信仰行为，默认老师永远不会犯错，其唯一的结果就是贬低自己，使我们变得无能。”

如果这种教育只是无用的话，人们可能会对不幸的孩子表示同情，那么多需要的东西，小学都不教，反而背诵克洛泰尔后裔的家谱、奥地利和澳大利亚之间的冲突或动物学分类。但该系统存在更严重的危险，它使接受这种教育的人对他们出生时的生活状态产生严重的厌恶，并强烈想要逃离它。工人不再想做工人，农民不再想做农民，而地位低微的中产阶级承认，除了领取国家工资的公务员，他们的孩子不会从事其他职业。法国的学校没有让孩子为自己的生活做准备，而是培养他们成为公务员，在这些岗位上取得成功，无需自我定向或只需最少的个人主动性。在社会阶梯的最底层，该系统创建了一支无产阶级军队，他们对自己的命运感到不满，并随时准备反抗；而在社会顶层的是一群轻浮的资产阶级，他们多疑且轻信，对国家有一种迷信般的信任，认为它就是天道，但又向它展示一种无休止的敌意，总是把自己的错误归于政府，然而，没有当局的帮助，他们什么也干不成。

国家通过教科书培养了很多拥有文凭的人，但只有少数人能拥有施展的舞台，大多数人没有工作。因此，国家养活了前者，却把大多数后者变成为了自己的敌人。从社会金字塔的顶部到底部，从最卑微的职员到教授和省长，大批毕业生都在争夺这些职位。商人很难找到代理商进入殖民地，而成千上万的候选人却在争取着最舒适的公务员职位。仅在塞纳河省就有2万名失业的教师，他们蔑视农民或工人，只向国家寻求生计。公职数量有限，不满的人越来越多。后者随时准备革命，无论谁是首领，无论目标是什么。获得知识又找不到工作，必然驱使人们成为反抗者。[①]

---

① 此外，这种现象并非拉丁民族所特有。在中国也可以观察到这一点，中国也是一个由官僚组成的国家，和法国一样，人们通过竞争性考试获得公职，而唯一的考试是背诵大量的教科书。今天，大批受过教育的人群失业，这在中国被视为民族灾难。在印度也是如此，因为英国人开办了学校，但不像在英格兰，目的是为了教育，而只是为了教当地人知识，于是，印度就产生了一个特殊的受过教育的群体——巴布族（印度文人），一旦失业，他们就会成为英国统治不可调和的敌人。对于巴布族而言，无论是否已经就业，他们接受教育的第一个效果是降低了他们的道德标准。我在《印度的文明》一书中强调了这个事实，而且所有访问过大半岛的作者也都观察到了这一点。

要回归到过去显然为时已晚。经验是民族最好的老师，它会告诉我们犯了什么错误。它就足以告诉我们，有必要让职业教育代替可恶的教科书和可悲的考试，这种教育能够引导年轻人返回到此前他们避之唯恐不及的田野、车间和殖民地企业中去。

如今，所有头脑清醒的人想要的职业教育就是我们祖先过去受到的教育。目前，在凭意志力、主动性和企业精神统治世界的民族中，这种教育仍然充满活力。大思想家泰纳的一系列重要论述曾清晰地指出（随后我会引用其主要内容），我们以前的教育体系和今天的英美教育体系类似。他还在拉丁语和盎格鲁—撒克逊语系统之间进行了清晰的比较，明确指出了这两种方法带来的不同结果。

有时，人们或许会认为，可以接受传统教育的所有缺点，虽然它只培养了心怀不满和不能适应生活的人，但获得了如此多的知识，总应该能帮助人们提高了认知水平吧。但它真的能帮人们提高智力水平吗？不！要在生活中取得成功，需要拥有判断力、经验、开拓性和品格，这些都是书本无法赋予的。书籍是字典，可用于参考，但储存在一个人的头脑中是完全没用的。

与传统教育相比，职业教育如何更好地帮助人们提高智力水平呢？泰纳已经很好地证明了这一点。他说：

“思想只能在自然和正常的环境中形成。促进成长的，是年轻人在车间、矿场、法庭、工地、医院获得的无数感官体验，看到工具、材料和操作，和客户、工人和劳动者在一起，不论工作做得好或不好，也不管他们是赔是赚。通过这种方式，对眼睛、耳朵、手甚至嗅觉感知的细节有些微不足道的理解，在无形中学习积累，在潜移默化中发现新的组合、简化、改进或发明。在最容易出成果的时间，法国年轻人被剥夺了接触所有这些宝贵体验以及这些不可或缺的元素的机会。由于在学校里封闭七八年，他们与直接的、个性化的经历隔绝开来，导致他们对人、事物以及处理它们的方式，没有敏锐而准确的概念。”

“……十个人中至少有九个人在几年里浪费了他们的时间和精力，而这是有效、重要甚至是决定性的几年。我们来数一数，首先，一半或三分之二的人出席考试——我指的是那些考试失败的人；然后，在那些考试成功、获得学位、证书、文凭的人中，还有半数或三分之二的人 ——我指的是那些超负荷工作的人。人们对他们的要求过于严苛，要他们在某一天，连续两个小时坐在椅子上或面对一张书桌，学习科学知识，成为人类知识的活字典。事实上，他们的确差不多在那个特定的日子里掌握了这些知识，但是一个月之后，就忘记了。他们不可能再通过考试。太多过于沉重的知识从他们的脑海中不断被遗忘，且他们不再学习新知识。他们的精神活力下降了，继续成长的能力枯竭了，虽然成熟了，但已耗尽了心气。成家立业，落入生活的圈套，把自己限制在职业中，中规中矩，仅此而已。这就是通常的回报：收入与支出不相平衡。1789年前的法国，就像英国和美国，采用了相反的做法，取得了相同或更好的结果。”

随后，这位杰出的心理学家向我们展示了我们的教育制度与盎格鲁-撒克逊的体系之间的区别。后者没有我们这么多的专业学校。他们的教学不是基于书本学习，而是基于事物本身。例如，工程师是在车间中接受培训，而不是在学校接受培训；这种方法可以使每个人达到他的智力所允许的水平，如果他不能学习到更多，他可能会成为一名工人或工头，如果他的才能能够让他走得更远，他会成为工程师。比起个人职业生涯取决于19岁或20岁经历的一场几个小时的考试，这种方式更加民主，对社会有益得多。

“在医院、矿山、工厂、建筑师或律师办公室里，学生在很小的时候就开始并逐步完成他的学徒生涯，就像我们的律师在他的办公室工作，或艺术家在他的工作室工作一样。以前，在实操课开始之前，学生都有机会接受一些一般性的教学课程，以便有一个准备好的框架，来存储将来观察到的知识。此外，他通常能够利用休闲时间学习各种技术课程，以便逐步与他得到的日常经验相匹配。在这样一个体系下，实际能力得到了提高和发展，与学生的才能成正比，并且他可以根据未来工作的要求，从现在开始沿着自己希望从事的工作方向发展。通过这种方式，英国或美国的年轻人很快就能够发挥自己的能力。在二十五岁的时候，如果条件都充足，他不仅可以成为一位专业的工作者，也可以成为一名企业家；他不仅可以成为机器的零部件，而且可以成为发动机。在法国，相反的教育体系占主导地位，随后，一代代人越来越向中国人看齐，造成人才资源的巨大浪费。

拉丁教育体系与实际生活的需求日益不协调，这位伟大的哲学家得出以下结论："在教育的三个阶段，即童年、青春期和青年阶段，从准备考试、学位、文凭和证书的角度来看，在学校里的理论学习和书本教育时间太长了，负担过重了。采取的教育方法又很糟糕，违反自然和社会制度，过迟开始实用技能的学习，我们的寄宿制学校，人工训练和机械填鸭，使得学生过度劳累，没有考虑到学生会成年，没有考虑未来职业的需求，没有考虑年轻人即将面对的现实世界，没有考虑年轻人必须要适应的社会，没有考虑人们为了保护自己而必须进行的斗争，也没有考虑到为了能够站稳脚跟，年轻人需要提前具备生存的装备、武装、训练和的坚强的意志力。这些必不可少的装备，这种比任何其他学习都重要的学习，这些常识以及坚强的意志力，我们学校都没有给予年轻一代；相反，我们的教育体系非但没有帮助学生获得这些生活中需要的素质，反而让他们丧失了原有的素质。因此，他离开学校，进入社会，开始工作后的每一步，迎接他的往往是一连串的痛苦跌倒，由此带来的创伤久久不能痊愈，有时甚至导致他失去了生活的能力，从此一蹶不振。这种考验残酷而危险。在这一过程中，心理和道德严重失衡，有可能永远无法恢复了。幻想破灭得太突然也太彻底了。他们感觉遭受了严重的欺骗，失望透顶。”[①]

比较泰纳的这几页文字和保尔·布尔热在其最新著作中对美国教育的观察，会颇有益处。他也指出，法国的教育只是培养了无政府主义者或狭隘的资产阶级，缺乏主动性和意志力。“有两种人是文明的灾难，一种只会讲平淡无奇的陈词滥调，一种会带来疯狂的破坏性”，他把法国学校（公立学校）——让学生堕落的工厂与成功地培养学生走向社会的美国学校之间进行了比较，清晰地发现，真正民主的国家和那些口中有民主但思想中没有这种概念的国家之间存在着鸿沟。

我们上面的叙述是否与群众心理无关？当然有关。如果我们想要了解今天在群众中萌芽、明天即将出现的主张和信念，就必须知道它的土壤是什么样子的。一个国家给青年提供什么教育，就预示着这个国家将来会是什么样子。当代的教育意味着，这些年轻人将来的生活会很灰暗。群众的思想可以通过教育得到部分的改善或恶化。因此，有必要表明这种思想是如何被当前的制度塑造出来的，以及冷漠和中立的群众如何逐渐变成一支不满的队伍，准备随时接受乌托邦人士和演讲家的所有暗示。学校培养了社会主义者和无政府主义者，也为拉丁民族走向颓废铺平了道路。

---

① 泰纳：《现代政体》，第二卷，1894。这些段落几乎是泰纳留下的最后的文字，它们精辟地反映了伟大的哲学家长期体验的结果。不幸的是，在我看来，对于那些没有在国外生活过的大学教授来说，这是完全不可理解的。教育是我们拥有的可以在一定程度上影响一个民族心灵的唯一手段。法国几乎没有人能够理解，我们目前的教育体系是造成社会衰败的重要原因，它非但没有帮助年轻人完成提升，反而让他们变得更加堕落，这令人感到很难过。

# 第二章
# 群体主张的直接因素

1. 形象、词语和套话。词语和套话的神奇力量 / 词语的力量与他们唤起的形象紧密相连，但独立于它们的真实含义 / 这些形象因时代和种族不同而异 / 词语的磨损 / 常用词意义变化极大的例子 / 当使用的词语让群众产生不适时，给旧事物更换名称的政治效用 / 种族差异导致的词义变化 / “民主”一词在欧洲和美国具有不同的含义。

2. 幻觉。它的重要性 / 在所有文明的根源上都能找到幻觉 / 社会需要幻觉 / 群体更喜欢幻觉，而不是真理。

3. 经验。只有经验才能让真理在群众心中扎根，同时消灭危险的幻觉 / 经验只有经常重复才有效 / 说服群体所需的经验成本。

4. 理性。它对群众毫无影响 / 群体只会受到他们无意识情绪的影响 / 逻辑在历史中的作用 / 不可思议的事件发生的秘密。

我们刚刚研究了间接和预备因素，这些因素使群体的思想具有特殊的接受能力，并使其中某些情绪和某些想法的实现成为可能。现在，我们需要研究能够以直接方式影响它们的因素。在下面的章节中，我们将看到，这些因素如何作用，能充分发挥效果。

在本书的第一卷，我们研究了集体主体的情感、观念和推理方法。根据这些知识，显然可以用一般的方式推断出影响他们心理的方法。我们已经知道什么能够影响群体的想象力，并且熟悉暗示的力量和传染性，尤其是那些以形象呈现的暗示。但是，由于暗示的来源可能完全不同，对群众心灵起作用的因素也可能会有很大差异，因此，有必要分别研究它们。这项研究不会是无用的。群体有点像古代寓言中的斯芬克斯：必须解决他的心理学提出的问题，否则我们就会被摆布和吞噬。

## 1. 形象、词语和套话

在研究群体想象力时，我们看到它受形象的影响很大。这些形象并不是随时都有的，但可以通过恰当地使用词语和套话来唤起它们。通过艺术化处理之后，它们会拥有魔术大师般的神秘力量。它们能在群体心理中带来一场场暴风雨，而反过来，它们也能平息这些暴风雨。因为词语和套话的力量而死去的人，骸骨可以堆成比古老的齐奥普斯还要更高的金字塔。

词语的力量与它们唤起的形象紧密相关，并且完全独立于它们的真实意义。意义最不明确的词语有时候影响力最大。例如，民主、社会主义、平等、自由等等，其含义如此模糊，以至于很多本专著也难以把它们的含义讲清楚。然而，可以肯定的是，这些简短的词汇朗朗上口，有真正神奇的力量，好像它们可以解决一切问题。它们综合了各种无意识的愿望和实现它们的希望。

理性和论证抵不过某些词语和套话。它们会在群众面前被庄严地说出来。一旦听到它们，人们就会毕恭毕敬，俯首而立。许多人认为这是自然的力量，甚至是超自然的力量。它们在人的思想中唤起了宏大而模糊的形象，但恰恰是这种模糊不清的东西增强了它们的神秘力量。它们像是隐藏在圣坛背后的神明，虔诚的人们只要一接近，就会感到恐惧和颤抖。

词语所引发的形象与它们的含义无关，它们因年龄而异，因种族而不同，但套话始终保持不变。某些短暂的形象被附加到某些词语上：这个词语就像是唤醒它们的电铃按钮一样。

不是所有的词语和套话都具备唤起形象的力量，而有一些曾经拥有这种力量，但在使用过程中失去了它，不再能唤起任何反应。然后，它们变成了空洞的声音，其主要用途使人不必再思考。记住一些年轻时学的套话和常识，我们就可以应付生活所需，而不需要反复思考。

如果研究某一特定的语言，我们可以发现，构成语言的词语在随着年代变迁变化得相当缓慢，而这些词语唤起的形象或附加于它们的意义却在不断变化。这就是为什么我在另一本书中指出，语言的精准翻译，特别是对失传已久的语言进行精准翻译，是不可能的。当我们用法语词汇替代拉丁语、希腊语或梵语词汇时，或者当我们努力理解一本用两三个世纪前用我们自己的语言写的书时，我们实际上在做什么？我们只是在用现代生活中的形象和观念替代古代的形象和观念，而它们在与今天的条件完全不同的古代生活和思想中产生的。假如参加法国大革命的人认为他们正在模仿希腊人和罗马人时，除了给古代词语赋予现在人的理解，他们又在做些什么？古希腊的制度与今天我们所说的希腊制度之间还有任何相似之处吗？那个时代的共和国采取的基本上是封建制度，由一小群暴君统治着一群绝对服从的奴隶。这些建立在奴隶制基础上的贵族统治，如果没有了奴隶制，这种统治制度就一刻也不可能存在。

“自由”这个词也是如此。在思想自由不曾被提及的时代，在讨论城邦的神灵、法律和风俗就是最大的罪恶的时代，这个词的意思和我们今天理解的自由有什么相似之处呢？“祖国”这个词，对雅典人或斯巴达人来说，除了对雅典或斯巴达的崇拜，又能有什么其他含义？它指的当然不是由征战不断的敌对城邦组成的整个希腊。对古代高卢人来说，“祖国”这个词又是什么意思？古代高卢分为对立的部落和种族，拥有不同的语言和宗教，而且轻易被恺撒征服，因为他总是能够找到盟友。罗马人带来了高度统一的政治和宗教信仰，使高卢成为一个国家。甚至不用想那么远，就想一下不到两百年前，那时候祖国这个词与现在的理解是否有相同的意义？法国各省对于祖国的理解与大孔代——他们和外国结盟反对自己的君主——并不一样。逃亡国外的人们认为，他们与法国斗争是在遵守荣誉原则，是在守住气节，因为封建制度的法律与君主而不是土地联系在一起，所以，君主在哪里，祖国就在哪里。

很多词语的意义随着年代而发生着深刻的变化——只能通过长期研究，我们才能理解它们之前的意义。事实上，人们已经指出，要明白我们的祖先如何理解“国王”和“王室”这样的词语，需要进行大量的研究。那么，更复杂的词汇，则可能需要更多的研究。

因此，词语只有变化的、暂时的意义，这些意义随着时间的变化而变化。当我们希望通过它们来影响群体时，就必须要知道在特定时期内群体如何理解它们，而不是它们以前的意思或者不同精神气质的人们对它们的理解。

因此，当群体由于政治动荡或信仰变化，对某些词语所引发的形象深恶痛绝时，真正的政治家的首要任务是改变这些词语，当然，并不是改变这些词所指事物的本身，因为它们与传统结构联系得太密切了，难以改变。明智的托克维尔很久以前就说过，政府和帝国尤其需要用新词包装过去的机构，但换汤不换药——也就是说，用新词取代了令人不愉快的名词，本质上只是换个喜闻乐见的说法而已，这样，群体就不会产生不愉快的联想了。于是，“地租”变成了土地税，“盐赋”变成了盐税，“徭役”变成了间接摊派与合并税，商号和行会的税款变成了执照费用等等。

可见，政治家最重要的职能之一就是对群体无法忍受的流行语或不再流行的词语保持警醒，尤其是在旧的名称之下。言语的力量如此之大，以至于人们可以用精心挑选的词语来掩饰最令人厌恶的东西，使它们为群体所接受。泰纳公正地指出，雅各宾党人正是因为粉饰了暴政，涂以“自由”和“博爱”等流行词语的外衣，才建立起与荷兰相媲美的暴政，建立了和宗教法庭类似的审判台。“统治者的艺术，与律师的艺术一样，首先要学会如何遣词造句。这种艺术最大的困难之一是，在同一个社会中，相同的词对于不同的社会阶层通常具有不同的含义，他们在表面上使用相同的词，但说的却不是同一种语言。”

在前面的例子中，时间是改变词义的主要因素。然而，考虑到种族干预因素，我们会看到，在同一时期，对于来自同一文明但不同种族的群体来说，相同的词语往往含义大相径庭。如果不是经常旅行、见多识广，就很难理解这些差异，因此我不会在这一问题上纠缠。我只是想指出，群众最常使用的词语，往往在不同民族中的含义差别最大。例如，现在频繁使用的“民主”和“社会主义”这些词汇就属于这种情况。

实际上，它们在拉丁文和盎格鲁–撒克逊文化中代表着十分对立的观念和形象。对于拉丁美洲人来说，“民主”一词主要表示，个人的意志和倡议要从属于国家所代表的社会意志和倡议。在所有事物的方向，国家发挥着越来越重要的控制作用，集权、垄断和一切生产活动。所有政党，无论是激进分子、社会主义者还是君主主义者，遇到事情时，都会寻求国家的帮助。对于盎格鲁–撒克逊人来说，特别是在美国，同样是“民主”一词，恰恰表示个人意志的强烈发展，而国家的意志尽可能处于从属地位。除警察、军队和外交关系外，国家几乎不能掌控任何其他事物的发展，甚至包括公共教育。因此可以看出，对一个民族来说，一个词意味着人们放弃个人的意志和主动性，让位于国家的意志；而对另一民族而言，同样一个词则意味着个人意志和主动性的极大发展，国家意志需要彻底服从个人意志。[①]

---

① 我在《民族演化的心理规律》一书中，花费很大篇幅讨论了拉丁民族与盎格鲁–撒克逊民族的理想的区别。在多次旅行之后，保罗·布尔热先生也在他的近作《海外》中得出了与我几乎相同的结论。

## 2. 幻觉

从文明诞生以来，人们一直受到幻想的影响。幻想的制造者拥有比其他任何阶层的人更多的殿堂、雕像和祭坛。无论是过去的宗教幻想，还是现在的哲学和社会幻想，这些至高无上的力量，都可以在我们这个世界上的各种曾经繁荣的文明中找到。正是以它们的名义，人们建造了古巴比伦和埃及的神庙以及中世纪的宗教建筑；一个世纪以前，整个欧洲发生了巨大的动荡；我们的政治、艺术或社会都没有逃脱它们的影响。偶尔，人们不惜一切代价推翻它们，但很快又会请它们回来。没有它们，人们无法走出原始野蛮的状态；没有它们，人们很快又会回到原始的野蛮状态。毫无疑问，它们是无用的幻影，但是，正是这些梦想中的产物，使各民族创造出了最辉煌的艺术或最伟大的文明。

丹尼尔说："如果人们破坏掉博物馆和图书馆，毁掉在教堂前所有受宗教启发而创作的作品和建立的纪念碑，那么，人类伟大的梦想能留下什么呢？让人们抱有一些希望和幻想吧，否则他们将活不下去。这就是神、英雄和诗人存在的原因。五十多年来，科学似乎承担了这项任务，但在渴望理想的人们心中留下了不好的印象，因为它不敢慷慨承诺，因为它不能说谎。"

18世纪的哲学家们致力于破坏我们祖先数世纪生活在其中的宗教、政治和社会幻想。摧毁了它们，也干涸了人们的希望和顺从的泉源。没有了这些幻想，他们开始直面大自然盲目和沉默的力量，而这些力量对弱者冷酷无情，毫无怜悯。

尽管取得了一些进展，但哲学还是无法向群众提供可以吸引他们的理想。但是，因为他们不惜一切代价要拥有幻想，他们像昆虫寻求光亮一样，本能地转向那些雄辩的演说家。民族发生演化的主要因素，不是真理，而是谬误，而社会主义今天如此强大，原因在于它是今天唯一活跃的幻想。尽管出现了各种科学发明，但社会主义幻想的力量仍在继续壮大。其原因在于，它的鼓吹者无视事实，敢于对人类承诺幸福。现在，这种社会幻觉建立在所有过去的废墟之上，未来将是属于它的。群众从未渴望真理。面对不符合其口味的事实，他们更愿意相信谬误，只要这种谬误吸引他们。谁能为群众提供幻想，谁就很容易成为他们的主人；谁试图摧毁他们的幻想，谁就永远是他们的敌人。

## 3. 经验

要让真理扎根在群众心中，并破坏过于危险的幻想，经验几乎是唯一可行的方法。然而，要达到该目的，经验必须大范围地不断重复。一代人的经历对于下一代来说通常是无用的，这就是为什么，引用历史事实作为证据没有任何意义。它们唯一的用途是证明，要产生影响，经验必须一代一代地不断重复，才能成功动摇群众心中错误的观点。

19世纪及更早的年代，无疑将被历史学家称作充满奇妙试验的时代，这个时代比任何其他时代都拥有更多的试验。

这些试验中规模最大的是法国大革命。不能按照纯粹理性的指导，就对社会进行自上而下的改造。为了证明这个道理，数百万人死于大屠杀，欧洲也深受其扰了二十年。为了用试验证明，独裁者会让拥护他们的国家付出惨痛代价，五十年来发生了两次毁灭性的试验。尽管结果很清楚，但它们似乎没有足够的说服力。第一次造成了300万人死亡以及他国入侵；第二次丢失领土，不得不建立常备军队；第三次差点儿发生，可能会在未来的某一天发生。为了让整个民族认识到，强大的德国军队不像人们认为的三十年前那样，是一支无害的国民警卫队，于是发生了[①]一场可怕的战争。为了使人们认识到，贸易保护会毁掉推行这一政策的民族，至少需要遭受二十年的灾难。这样的例子不胜枚举。

---

① 在这种情况下，群体的观点是基于不同事物间粗略的表面联系形成的，我之前解释过这一过程。那个时期，法国的国民警卫队由爱好和平的店主组成，他们缺乏纪律，没有必要被重视，取类似名称的组织也会让人们产生类似的概念，都被认为是无害的。群体的错误，在其领导人也会犯，在处理群体观点时这种情况很常见。一位政治家，即梯也尔先生，经常随顺群众的观点，从来没有自己的见解。最近，M. E. 奥利维耶的一本书引用了梯也尔先生在1867年12月31日在商会发表的一次演讲中的话，他经常听从群体的意见，但从未提前发表自己的观点：普鲁士的现役军队类似于法国的国民卫队，不足为惧，除此之外，还有一支与法国规模相等的正规军队。同一位政治家，在谈论起铁路的未来时，观点一样具体而武断。

## 4. 理性

在列举能够影响群众心理的因素时，根本没有必要提及理性，除非是为了指出理性影响的负面影响。

我们已经说过，群众不会受到理性的影响，他们只能理解那些拼凑起来的概念。因此，知道如何影响他们的演说家，总是针对他们的情感进行演讲，而不会关注他们的理性。逻辑规则对群体没有任何作用。①为说服群众，首先必须要理解他们的动情之处，假装与之分享这些情绪，然后通过基本联想，唤起某些有暗示性的形象。如果必要的话，可以回到最初的观点，并且最重要的是，随时猜测演讲的话语在群体中激发出的情感。根据演讲产生的效果，不断调整措辞，从一开始就决定了，有效的演讲不可能完全依靠事前准备和研究。在演讲中，如果演说者只按照自己的思路，忽略听众的感受，仅凭这一点，就产生不了什么影响。

讲逻辑思维的人，习惯于通过一系列严谨的推理来说服对方，在解决群体问题时，会不可避免地采用这种方式，但总是没有效果，对此他们常常感到不解。逻辑学家说道："数学结论通常是基于三段论得出的——即建立恒等式间的联系——这种结论是必然的……即使是无机物也适用，只要

---

① 逻辑在影响人们的想法方面处于弱势，我最早发现这一点，可以追溯到巴黎围困时期。当时，我看见米歇尔被带到政府所在地卢浮宫，一群愤怒的人声称，他把防御工事计划卖给了普鲁士人，对此行为，他们感到震惊。

它们也存在同样的联系。”这无疑是正确的，但是，群体并不比这些无机群体更符合这样的联系，甚至不理解这些联系。如果试图通过推理说服头脑简单的人——比如野蛮人或儿童——这种方法的价值微乎其微。甚至没有必要降低到原始人水平，就可以发现，在与情绪作斗争时，推理毫无招架之力。我们只需想想，数世纪以来，多少宗教迷信根本就不符合哪怕是最简单的逻辑，但它们依然顽强地存在着。近两千年来，最耀眼的天才也都屈从于它们，直到现代，才开始有人质疑它们的真实性。中世纪和文艺复兴时期拥有那么多智者，但没有一个人通过推理看到自己迷信中幼稚的一面，或者对魔鬼的错误行为或火刑巫师提出一点点怀疑。

我们是否该为群体得不到理性的引导而感到遗憾？我们不敢这么说。毫无疑问，理性会把人类带向文明道路，但缺乏幻想所带来的热情与顽强。这些幻想无疑是必要的，它们是支配我们的那些无意识力量产生的。每个种族在其精神体系中都有其命中注定的规律，也许他们就是会毫无理由地服从这些规律，即使这看起来显然是无理的冲动。似乎有时民族受到秘密力量的控制，类似于那种能将橡子变成橡树或让彗星绕着轨道运行的力量。

我们若想了解一点这种力量，就必须研究民族的整个进化过程，而不是研究在这种进化中偶尔出现的孤立事件。如果仅仅考虑这些事实，历史就是一系列似乎不可能的偶然事件导致的。一位加利利木匠似乎不可能成为一位全能的神，长达两千年之久，且文明以他为基础建立起来；一小群从沙漠中来的阿拉伯人似乎不可能征服古老的希腊罗马的大部分地区，并建立起一个比亚历山大更幅员辽阔的帝国；在欧洲发展的早期阶段，当整个部队的权威被系统地等级化时，一个不起眼的炮兵中尉似乎更不可能统治众多的民族及其国王。

那么，让我们把理性留给哲学家，而不是让它过多干涉人的统治。文明的动力因素并不是理性，更为常见的是，恰恰相反，感情才是所有文明的动力因素，如荣誉、自我牺牲、宗教信仰、爱国主义和对荣耀的热爱。

# 第三章 群体领袖及其说服方法

1. 群体的领袖。所有成群的动物的本能是需要服从领袖 / 群体领袖的心理 / 只有领袖可以赋予群众信仰并把他们组织起来 / 领袖的专制 / 领袖的分类 / 意志的作用。

2. 领袖的行动方式。断言、重复、传染 / 这些不同因素的作用 / 传染如何在社会中从低级阶层传播到高级阶层 / 民众的意见很快就会成为普遍的意见。

3. 声望。声望的定义和分类 / 先天的声望和个人声望 / 各种例子 / 声望被破坏的方式。

我们现在熟悉群体的心理构成，也知道有什么动机可以影响他们的思想。现在仍需要研究的是，这些动机如何发挥作用，以及谁来使用这些因素能更有效地将其转化为实际行为。

## 1. 群体的领袖

只要有一定数量的生物聚集在一起，无论是动物还是人，他们都会本能地将自己置于领袖的权力之下。

在人类群体中，头领通常只不过是一个头目或者是鼓动者，即便如此，他仍然扮演了相当重要的角色。群体的意见围绕他的意志形成，他的意见就是群体的意见。他是组织异质性群体中重要的人物，为教派中的组织发展铺平了道路；与此同时，他也指导群体。群体是一群温顺的绵羊，一定要有首领。

领袖开始也往往是被领导者。他自己也需要被这个想法所催眠，然后才成为了这种观念的守护者。他沉迷于这种想法，以至于它之外，一切都消失了，与之相反的所有观点在他看来都是错误的或迷信的。一个典型的例子是罗伯斯庇尔，他被卢梭的哲学思想迷住了，并使用宗教裁判所的方法对它进行传播。

与其说领袖像个思想家，不如说他是个行动派。他们没有敏锐的远见，也不具备天赋，因为这些品质通常会导致犹豫不决。他们容易从那些处在疯子边缘的神经质的、易兴奋的、半疯狂的人中产生。尽管他们坚持的想法或追求的目标可能很荒谬，但他们的信念是如此坚定，以至于所有的理性思维都成了多余。蔑视和迫害都不会影响他们，或者更会激发他们的反抗。他们可以牺牲个人的利益，可以牺牲自己的家庭。自我保护的本能在他们身上完全消失了，以至于他们想要的唯一补偿往往是殉职。强烈的信仰使他们的话有很大的暗示作用。群众随时准备听从意志坚强的人的指令，他知道如何将自己的观点强加给别人。聚集成群的人失去了自己的意志力，本能地转向拥有他们所缺乏品质的人。

各个民族从不缺乏领袖，但并不是所有领袖都拥有能激励人们的坚定信念。这些领袖往往是巧舌如簧的演说家，他们只追求个人的利益，并极力通过取悦基本本能来说服智力低下的人群。他们以这种方式表达产生的影响可能非常大，但这种影响总是短暂的。那些拥有激起群体灵魂的强烈信念的人，如隐士彼得、路德教徒、萨福纳罗拉，以及法国大革命中的那些人物，在他们自己首先被某个信条迷住之后，才以此吸引别人。然后，他们能够在民众的灵魂中召唤出那种被称为信仰的强大力量，这使得一个人愿意成为他自己梦想的绝对奴隶。

唤起信仰——无论是宗教的、政治的或社会的，无论是对一本书、一个人或一个主张的信仰——这是领袖始终发挥的重要作用。也正因为如此，他们有着巨大的影响力。在人类可以利用的所有力量中，信仰始终是最伟大的力量之一，而《圣经》里说它有排山倒海的力量。赋予一个人信仰，就是将他的力量增加了十倍。历史上的很多重大事件是由默默无闻的信徒造成的，除了对自己信仰的笃定，他们几乎一无所有。建立了影响全世界或所有帝国的伟大宗教的，不是学者或哲学家，更不是怀疑论者。

然而，在刚刚的案例中，我们讨论的都是最伟大的领袖。而这种领袖人数很少，历史上也没有几个。它们构成一个领袖连续体的顶峰，从这些强大的领袖到工作人员。在烟雾缭绕的小酒馆中，这些底层工人不断地在同伴的耳朵里灌输几句自己也不太理解的话，使同伴慢慢着迷。但据他说，只要行动起来，就能实现所有的梦想和希望。

在任何社会领域，从最高阶层到最低阶层，一旦一个人不再孤立，他很快就会受到领袖的影响。大多数人，尤其是群众中的大多数人，对于自己专业以外的任何主题都没有明确而合理的看法。领袖就会成为他们的领路人。领袖也可能会被定期推出的出版物所替换，尽管往往效果会打折扣，这些出版物为读者提供观点和现成的套话，为他们免除了推理的麻烦。

群众的领袖拥有一种非常专制的权威，这确实是他们拥有追随者的条件。人们注意到，他们多么容易地让众人服从，包括工人阶级中最喜欢闹事的人，尽管没有任何手段来支持他们的权威。他们规定劳动时间和工资，发出罢工指令，罢工何时开始和何时结束，全凭他们一声令下。

目前，政府部门受到越来越多的质疑，力量越来越弱，这些领袖和鼓动者也越来越倾向于篡夺公共当局的权力。新主子的暴政会让群体更加臣服，比服从任何政府更加温顺。如果由于某些变故或其他原因导致领袖下台，群体将恢复到原始的集体状态，失去了凝聚力或抵抗力。在巴黎公共马车雇员的上一次罢工，指挥罢工的两位头目被捕，罢工立即结束。群众想得到的，不是自由，而是被奴役。他们倾向于服从，本能地服从于任何自称为他们领袖的人。

这些头目和鼓动者可以分为两个类别。第一类是那些精力充沛且意志坚强的人，但他们的意志力较为短暂；而另一类人则更为罕见，他们拥有强大且持久的意志力。第一种人粗暴、勇敢和大胆。他们擅长指挥突然决定的暴动，带领群众穿过危险，让新人一夜之间变成英雄。在第一帝国统治下，奈伊和穆拉特就属于这种人；而在我们这个时代，加里波第也属于这种人，他是一个没有天赋但精力充沛的冒险家，与一小撮人一起，就成功地拿下了由纪律严明的部队守卫的古老的那不勒斯王国。

尽管第一类领袖拥有不可忽视的力量，但他们的热情是暂时的，刺激的事件消失了，热情也就消退了。当这些英雄恢复正常生活后，就像我刚才所引用的那样，其性格中会暴露出令人惊讶的弱点。他们似乎无法思考，在最简单的环境下不知所措，尽管他们之前能够很擅长领导其他人。这些领袖，在某些条件下，必须被引导，并不断受到刺激，同时有明确的路径可以跟随，否则，他们很难发挥其领导作用。第二类领袖具有持久的意志力，尽管不那么扎眼，却拥有更大的影响力。在这一类领袖中，可以找到各种宗教和伟大事业的奠基人：圣保罗、克里斯托弗·哥伦布和德·莱塞布。他们是聪明还是心胸狭窄并不重要：世界属于他们。他们拥有的持久意志力是一种罕见且极其强大的品质，能战胜一切。强大而持久的意志力，并不总是得到充分的认可。但什么都无法阻挡它，无论是自然、神灵还是人。

强大而持久的意志力能做成什么事呢？德·雷赛布为我们提供了一个最新的例子。他成功地将世界分成了东西两半，完成了三千年来最伟大的君主们也未能完成的事业。他后来在另一项类似的事业中失败了，原因是他的年龄大了，意志力也随之而去了。

如果想知道仅凭意志力就能完成什么事情，那么，可以看看他为了开凿苏伊士运河需要克服哪些困难即可。卡扎里医生是一位见证人，根据不朽的作者的口述内容，他用引人注目的寥寥数语，总结了这个伟大工程的故事。

“他每天都在不停地讲述着运河的惊人故事。他讲述着必须克服的一切困难，他所完成的看似不可能的事情，他遇到的所有反对，抵制他的联盟，他所经历的所有失望、失败、挫折。他回忆道，英格兰如何打击他、不停地攻击他，埃及和法国如何犹豫不决，工程早期阶段法国领事反对得最为积极。反对者拒绝供应淡水，试图以此迫使工人停工；海洋部长和工程师，所有经验丰富的人、受过科学训练的人、认真负责的人，对他都是充满敌意的，他们还科学地预测了灾难的到来，计算出了它的日期，就像预测日食一样。”

讲述这类伟大领袖生平的书籍不会很多，但这些名字将与文明史上最重大的事件联系在一起。

## 2. 领袖发挥作用的方式：断言、重复、传染

当想要在短时间内激起群体，使他们决心做某件事——例如掠夺宫殿，或者为了保卫据点或街垒而牺牲——必须通过快速暗示令其采取行动，其中，榜样的作用是最强大的。然而，要达到这个目的，群体必须事先有一些心理准备，而最重要的是，希望带领群体的人需要具备接下来准备研究的品质，我称之为“声望”。

当把一种思想和信仰灌输到群体的思想中时，例如现代社会理论，领袖会使用不同的方式，其中最重要的有三个明确的方法：断言、重复和传染。它们的效果有些缓慢，但一旦生效，就会非常持久。

断言纯粹而简单，不需任何推理或证明，是让某种观念

进入群体头脑的最有效方法之一。一个断言越干脆，越不进行证明和解释，便越权威。各时代的宗教书籍和法律规范一直都采用简单的断言。政治家们呼吁捍卫政治事业，商业人士通过广告推销其产品，这些都体现了断言的价值。

然而，除非经常重复，并且以相同的方式重复，否则断言不会产生真正的影响。拿破仑曾说过，最为重要的修辞就是重复。通过重复而被肯定的东西，会扎根头脑中，最终被接受为被证明的事实。

看看断言在最开明的头脑上发挥的作用，就知道重复对群体的影响了。这种力量基于这样一个事实，即长期来看，不断重复的表达会进入到无意识的深层区域中，从而产生行为的动机。到了某个时间，我们忘记了谁是不断重复的断言的作者，会完全相信它。这种情况可以由广告的惊人力量看出。当我们读过一百、一千遍的X牌巧克力是最好的时候，我们最终愿意相信事实就是如此。当我们读过一千次Y牌药粉治愈了某种顽疾，我们在患有类似疾病时总会希望尝试它。如果我们总是在一份报纸中读到路人甲是一个猖獗的坏人，而路人乙是一个诚实的人，我们就会偏听偏信。除非我们确实阅读另一家持相反意见的报纸，否则，永远不会改变这样的想法。只有断言和重复的力量足以相互对抗。

当一个断言不断重复并在重复中达成一致，就像某些富裕的金融机构足以购买所有的竞争对手一样，形成了所谓的意见流，此时，强大的传染机制开始发挥作用。观念、感情、情绪和信念在群体中具有像细菌一样强大的传染力。这种现象非常自然，即使在动物中也能观察到。如果一匹马在马厩里咬马槽，马厩里的其他马也会模仿它；少数绵羊的恐慌很快就会蔓延到整个羊群。在群体聚集的情况下，所有的情绪都会迅速传染，这解释了为何恐慌会突然发生。头脑混乱，比如疯狂，本身就具有传染性。众所周知，精神病科医生也容易患上精神病。事实上，最近有人提到一些疯病，例如广场恐怖症，可以从人传染给动物。

对于传染的发生，并不需要群体同一时间出现在同一地点。在某些事件的影响下，传染可以远距离发生。这些事件给予所有人个性倾向和群体特征，特别是当人们已经受到了前面提到的那些间接因素的影响，已经做好了心理准备。一个典型的例子就是，1848年的革命运动从巴黎爆发，随后迅速蔓延到欧洲大部分地区，动摇了许多君主的统治。

模仿通常被认为在社会现实中影响巨大，但实际上，它只是传染的结果而已。我在其他书中谈过它的影响，在此我只摘录十五年前所说的内容。此后，其他作者在最近的出版物中做了进一步阐述。

“人像动物一样，有模仿的天性。模仿对他来说是需要的，当然，模仿要很简单。正是这种对模仿的需要使得所谓的时尚影响力巨大。无论是在意见、想法、文学作品甚至是服饰方面，有多少人敢与时尚背道而驰？引导群体依靠的不是论据，而是榜样。在每个时期都存在少数个性的反应，然而，这些个性不能与普遍接受的观点产生过大的分歧。如果是那样的话，那么，模仿它们将会非常困难，它们的影响力将会微乎其微。正是因为这个原因，太超前于时代的人通常对群体产生不了什么影响。差距太大了。出于同样的原因，尽管欧洲人的文明优点很多，但他们对东方民族的影响微不足道；他们之间的区别太大了。“从长远来看，历史和模仿，这种双重活动使同一个国家和同一时期的人都很相似，即使看起来最容易避开这种影响的人，例如哲学家、学者、文学家，也不例外。他们的思想和风格散发出一种气息，可以据此判断出其所处的时代。跟一个人不必长谈，就可以全面了解他读过什么书，有什么习惯，以及他所生活的环境。”①

传染的力量如此强大，它不仅可以把观点强加于人，而且会对其感情模式产生影响。传染可能会导致在某一特定时期某些作品会被蔑视，如《唐豪塞》，但几年之后，出于同样的原因，那些大加批评它的人又变成对它赞不绝口的人。

群体的主张和信念主要是通过传染而非通过推理进行传播的。由于断言、重复和传染的作用，工人阶级目前的观念是在公共场所获得的。实际上，不同时代，群体信仰的创造

① 勒庞：《人及其社会》（L’ Homme et les Societes, 1881），第2卷，第116页。

方式几乎都换汤不换药。勒南曾把最初创立基督教的人比作“从一个公共场所到另一个公共场所传播思想的社会主义工人”；伏尔泰在谈到基督教时也曾指出，“在一百多年的时间里，它只被最卑鄙的家伙所接受。”

值得注意的是，与我刚才引用的案例类似，传染先是影响到底层民众，然后会蔓延到社会的高级阶层。我们今天所看到，社会主义学说就出现了这种现象，它最先被那些最早的受害者所接受。传染的力量如此强大，以至于个人利益在其影响下会消失殆尽。

就是解释了这样一个事实：民众所普遍接纳的观点最后总是会强加于高社会阶层中，不管胜利的观点多么的荒谬。较低阶层对较高社会阶层的这种反作用更为奇妙，因为群体的信念总是或多或少地源于某种更高阶层的观念，而这种观念对其诞生的阶层往往不产生影响。被这种思想所征服的领袖和鼓动者抓住它，歪曲它并创造一个教派，教派继续歪曲它，然后在群众之间传播它，而群众会对它进一步歪曲。当这种观点成为群体认为的真理，它又回归到源头，并对一个民族的上层阶级产生影响。从长远来看，塑造世界命运的是智慧，但这种作用非常间接。当这些观念通过我刚刚所描述的过程，最终取得胜利、产生结果时，当初发展出这些思想的哲学家们早已作古。

## 3. 声望

通过断言、重复和传染传播的思想之所以强大，是因为它会获得一种被称为“声望”的神秘力量。世界上的统治力量，无论是思想还是人，都是通过“声望”这种不可抗拒的力量，来强化其权威性。对这个词每个人都有自己的理解，它的使用方式差别太大了，因此很难定义它。声望可能涉及钦佩或恐惧等情绪。有时候，这些情绪是它的基础，但如果没有这些情绪，它也可以存在。例如，拥有最高声望的是已经死去的、我们不再害怕的人，比如亚历山大、恺撒、穆罕默德、佛陀等。此外，还有一些虚构的人物，例如印度地下神庙中那些可怕的神灵，虽然我们对他们并不钦慕，但他们仍然拥有很高的声望。

现实中，声望是某个人、作品或观念对我们的精神统治。它完全麻痹了我们的批判能力，让我们的灵魂充满了惊讶和尊重。它激发出来的情绪与所有其他情绪一样，令人费解，但它看起来与魅力人物所引起的幻觉相似。声望是获得权威的有效手段。没有它，诸神、国王和女人都无法发挥其统治的作用。

声望可归为两大类：获得的声望和个人声望。获得的声望是由头衔、财富和声誉引起的，它可能与个人声望无关。相反，个人声望是个人特有的东西；它可以与声誉、荣耀和财富共存，或者因为它们而强化，但它完全可以独立存在。

获得的声望，或者叫“人为的声望”是最常见的。一个人占据某个位置，拥有一定财富或拥有某些头衔，他就有了一定的声望，无论他个人的价值多么微不足道。穿着制服的士兵，穿着长袍的法官，都享有相应的声望。帕斯卡尔说得对，他指出，法官需要长袍和假发；如果没有了它们，法官将被剥夺一半的权力。即使最不屈不挠的社会主义者，看到王子或侯爵也会感到激动；而假如有这种头衔，敲诈商人的成功概率会大大提高。

所有国家都可以看到头衔、装饰品和制服对群体的影响，即使在那些个人独立意识最强的国家也是如此。在这方面，我引用了一段最近一本旅行书中的段落，很有意思，讲述了英国的大人物们享有的声望。

“我在各种场合发现，接触或看到某个英国贵族，最理智的英国人都会感到兴奋不已。

“如果他的财富能够使他保持自己的身份，他能提前确定他们会喜欢上他；如果他们能与他接触，他们会甘愿忍受他的一切。如果他走过来，他们会激动得满脸通红；如果他对他们说话，压抑的喜悦会使他们的脸涨得更红，他们的眼睛会闪耀着异常的光彩。对贵族的尊敬融入了他们的血液之中，可以这么说，就像西班牙人对于跳舞的热爱，德国人对于音乐的喜爱，法国人对于革命的喜爱。他们并没有那么喜欢马匹和莎士比亚，从中获得的满足感和自豪感也没有那么强，算不上他们的生活中不可或缺的部分。但关于贵族的书籍却销量巨大，几乎人手一册，就像《圣经》一样。”

我刚才所说的声望是人的声望。观点、文学或艺术作品等带来的声望，也是类似的。后面这些带来的声望通常是不断重复的结果。历史，特别是文学和艺术史，只不过是重复相同的判断，没有人会去验证，大家都会重复从学校学到的东西。有些名字和事情，没有人会去质疑。对于现代读者来说，通篇阅读荷马无比无聊，但是谁愿意这样说呢？帕特农神庙现在已经破败不堪，完全失去了观赏价值，但是它的声望太大了，我们看不到它真实的模样，总是把它和历史记忆联系在一起。声望本身会阻止我们看到真实的情况，并麻痹我们的判断力。群体和个人一样，在所有问题上总是需要现成的观点。这些观点的普及与其正确与否无关，主要取决于其声望的大小。

我现在来谈谈个人声望。它的性质与我刚刚所说的人为的声望或获得的声望有很大的不同。它独立于所有头衔，和权威无关，只有少数人拥有。拥有它的人能够深深地吸引周围的人，即便他们的社会地位是平等的，也没有领导与被领导的关系。他们能够强迫众人接受他们的想法和情感，众人对他们的顺从，就像吃人易如反掌的野兽服从于驯兽师一样。

佛陀、耶稣、穆罕默德、圣女贞德和拿破仑等众多伟大的领袖，都拥有很高的这种声望，而他们所取得的地位也与这种声望有关。众神、英雄和教条能够大行其道，是因为它们都具有这种能迫使人接受的力量。它们不能被讨论，因为一旦讨论，这些声望就会消失得无影无踪。

我刚才所提到的这些伟人，在他们成名之前就拥有了这种个人声望；没有它，他们也不会如此成名。当然，拿破仑在到达荣耀顶峰时，通过权力享有了极高的声望，但在他没有权力、默默无闻时，他已经拥有了部分声望。当他还是一位还没有名气的将军时，由于受到有权势者的保护，被派去指挥意大利军队。他发现自己处在一群粗暴的将军之中，他们想要给这位新来的年轻人一点颜色瞧瞧。但从一开始，从第一眼看到他起，他没有演讲，没有手势，也没有咄咄逼人，第一眼看到这位要成为伟人的人，他们就被征服了。泰纳在当时的回忆录中做了详尽的描述。

“将军们到了军营后，打算给从巴黎派来的小个子一个下马威。这其中包括奥格雷，他是一位粗鲁而英勇的老兵，他以自己身材高大、勇猛无畏而颇为自豪。听完别人对拿破仑的评价，说他如何强大，奥格雷依旧傲慢无礼：一个巴拉斯的宠儿，一位因镇压旺代事件而获得军衔的将军，被人戏称为熊，上学时在街头斗殴，喜欢独自思考，其貌不扬，还有数学家和梦想家的名声。他们被带到府邸，拿破仑让他们等待了很久。最后他出现了，佩戴着他的剑，戴着帽子，说明了他要采取的措施，下达命令，就让他们离开了。奥格雷一直沉默不语；只有当他到外面时，才能重新恢复自信，让自己又能像平常一样骂骂咧咧。他同意马塞纳的说法，这位小个子……魔鬼将军令他感到敬畏；他无法理解，为何一见面就被拿破仑的气场镇住了。”

成为伟人后，拿破仑荣耀加身，声望与日俱增，在那些追随他的人眼中，他的地位与神灵一样至高无上。旺达姆将军是一名粗汉、法国大革命时代的老战士，比奥热罗更加野蛮和精力充沛。1815年，他与阿那诺将军一起登上杜伊勒里宫的城楼时，他说：“拿破仑的魅力我无法解释，我对他的着迷也无法解释，在某种程度上，虽然我既不敬畏上帝也不敬畏魔鬼，但我在他面前时，会像孩子一样颤抖，他好像可以让我穿过针眼，投入火中。”拿破仑对所有接触过他的人表现出了同样的魅力。①

达沃斯在谈到马叻和他对拿破仑的忠诚时说：“如果皇帝对我们说，‘毁掉巴黎，不能有一个人离开或逃离出去，这对我的政治利益有好处，’我相信马叻肯定会保守这个秘密，但他不会眼看着他的家人死在这里。而我，为了不泄露真相，我会让我的妻子和孩子们留下来。”

记住这令人着迷的强大力量，才能理解为何拿破仑能

① 拿破仑完全意识到了自己的声望，他认识到，通过像对下人一样对待他周围的大人物，可以增加自己的威信。这个时期有不少奇闻轶事。有一天，在国务委员会中，拿破仑严厉侮辱了博格诺，对他像仆人一样。拿破仑向他说，“好吧，笨蛋，找到脑子了吗？”而博格诺这个如乐队队手高大的男人低下了头，小个子拿破仑抬手揪着他的耳朵。“这是一种令人陶醉的亲昵，”博格诺写道，这些例子清楚地表明了声望如何能让人变得卑躬屈膝。它们让我们看到独裁者如何蔑视身边的人——他们仅仅把身边人视为炮灰罢了。

从厄尔巴岛漂亮地杀回来。这个国家的人民已经厌恶了他的暴政，但这个孤独者却闪电般地征服了法国。他只要看看那些准备去抓他的将军，尽管他们曾信誓旦旦地说要消灭拿破仑，他们马上就屈服于那神奇的力量之下了。

“拿破仑，”英国将军沃尔斯利写道，“几乎一个人在法国登陆，这位厄尔巴岛的逃亡者，只在几周内成功，没有发生流血事件，推翻了在法国国王合法统治下的所有权力机构；想证明一个人的影响力，还有比这更令人惊叹的方式吗？但这场战争从开始到结束——这也是他最后的一场战役，他对同盟国展示出了压倒性的优势，他们全程被他牵制。差一点儿，他就把他们全部都打败了！”

他死后，他的声望在继续增加。正是他的威望使他的一位名不见经传的侄子成为了皇帝。看到他的传奇今天仍在流传，就知道人们对他有多么怀念。随意虐待别人，杀死数百万人，侵略一个又一个国家——只要你拥有足够高的声望和付诸实践的才能，你的行为就会被允许。

毫无疑问，我这里援引的关于声望的例子有些特殊，但有一点是有用的，可以说明伟大的宗教、教义和帝国是如何诞生的。如果不是声望对群体施加影响力，这些都是难以理解的。

然而，声望不仅仅建立在个人权势、军事荣耀和宗教敬畏之上；它也可以有更普通的来源，但效果也相当可观。我们这个时代有几个例子。最引人注目的事件之一，也是后人始终记得的，是一位杰出人物的故事，他将世界分成了两半，从而改变了地球的面貌和国家间的商贸关系。他凭借强大的意志和个人的魅力，取得了成功。为了克服他遇到的无数反对，他只能挺身而出。他言语简洁，加上个人的魅力，对手很快就变成了他的朋友。英国尤其反对他的计划，但他去了英国之后，就获得了普遍的支持。后来，当他经过南安普敦时，一路上钟声不断，为他而鸣。现在，英国正准备为他建造一座雕像。

“征服了所有的人与物、沼泽、岩石和沙地之后，他不再相信还有什么障碍无法逾越，并希望在巴拿马再开一条苏伊士运河。他使用了同样的方法，但是他老了，而且，虽然信念可以移开山岳，但前提是，山不能太高。山脉岿然不动，随之而来的灾难也抹去了这位英雄曾经的荣耀光环。他一生的故事告诉我们，声望如何成长，也会如何消失。在与历史上最伟大的英雄相媲美之后，他被国家的地方法官定为了最邪恶的罪犯。他去世时无人问津，身边走过的是一群冷漠的群众，只有外国要人凭吊他，敬他为历史上最伟大的英雄之一。[①]

---

① 一家奥地利报纸，维也纳的《新自由报》，对德莱塞普斯的命运进行了非常到位的心理学思考，这里转述如下：“在对费迪南德·德莱塞普斯指控之后，人们就不必对克里斯托弗·哥伦布的悲惨结局感到惊讶。如果说费迪南德·德莱塞普斯是一个骗子，那么所有高贵的幻想都是犯罪。如果在古代，人们会为德莱赛普斯加冕以荣耀的光环，并让他喝下奥林匹斯山的花蜜，因为他改变了地球的面貌，完成了壮举，使世界更加完美。上诉法庭庭长因为判决费迪南德·德莱塞普斯，也在历史上留名了，因为人们会问，是谁不惧贬低自己的时代，把罪犯的帽子扣在一个本就是历史英雄的老人身上。

“在未来，当官僚仇视大胆壮举的时候，就不要再跟我们谈什么僵化的正义。国家需要这些大胆的人，他们相信自己，克服每一个障碍，不关心个人的安危。天才才不会谨小慎微，因为谨小慎微，永远不会扩大人类活动的范围。

“费迪南德·德莱塞普斯体验过胜利的狂欢，也品尝过失望的苦涩：苏伊士运河和巴拿马运河。在这一点上，人心对成功的道德进行了反抗。当德莱塞普斯成功连通两大海洋时，王子和国家都向他表示祝贺；当他遇到科迪勒拉斯的岩石，失败时，他就变成了一个粗俗的骗子……在这个结果中，我们看到了社会阶级之间的战争，看到了官僚和雇员的不满，他们借助刑法对那些同胞中出类拔萃的人进行报复……现代立法者在面对天才的崇高思想时感到无所适从，公众对这些思想也不甚理解，而一位律师则很容易证明，斯坦利是个疯子，德莱塞普也是个骗子。”

刚刚引用的例子代表了一些极端情况。但为了详细说明声望的心理，有必要探讨一系列极端的例子，或者是宗教和帝国的创始人，或者是努力向邻居炫耀新外套或装饰的普通人。

在这个系列的两个极端之间，科学、艺术、文学等文明要素产生了各种形式的声望。人们可以看出，声望构成了说服的基本要素。不论是否有意，拥有声望的人、主张或物品，会通过传染被人们迅速模仿，并使整整一代人采用某种感觉和表达思想的模式。此外，这种模仿通常是无意识的，正因为如此，它才是完美的。现代画家临摹早期艺术作品单调的色彩和僵硬的姿态时，并不清楚他们的灵感来源何处。他们相信自己是真诚的，但假如没有杰出的大师恢复了这种艺术形式，那么，人们便只能看到它幼稚和劣等的一面。那些模仿另一位大师的画家们，用紫罗兰色调涂满了画布，他们在自然界中看到的紫罗兰颜色并不比五十年前更多，而是受到了一位画家的个性和特殊印象的影响，即收到了“暗示”，尽管画家有些古怪，但他却获得了很高的声望。在文明的所有要素中，类似的例子还有很多很多。

由以上的例子可以看出，许多因素可能会带来声望：其中最重要的始终是成功。每一个成功的人都会受到大家的认可，从而避免非议。成功是声望的主要基础，一个证据就是，一个人的成功消失了，声望也就会随之消失。昨天群体所称赞的英雄，如果今天失败了，他就会受到侮辱。事实上，声望越高，反弹会越强烈。在这种情况下，群体认为跌落下来的英雄和自己是平等的，并且会为了曾经向他拜服而进行报复。罗伯斯庇尔处决同伴和其他人时，他拥有很高的声望；当丢失选票，他就失去了权力，也立即失去了声望，群体把他送上断头台时，也像对待他所迫害的人一样对待他。信徒打破之前的神像时总是会表现得出离愤怒。

由于失败而失去的声望，很快就会消失殆尽。当声望开始被探讨时，也会有所减弱，但声望存在的时间还会更长一些。但从声望受到争议的那一刻起，它就不再是声望了。能够长期保持声望的神灵和人们，从未不允许人们对他们有任何的探讨。为了让人们敬仰和欣赏，必须与之保持一定的距离。

# 第四章
# 群体信念与主张的变化范围

1. 牢固的信念。某些一般信念不易改变/它们塑造了文明的进程/铲除它们十分困难/信念在哲学上的荒谬性不会影响它的传播。

2. 群体主张的多变性。不是来自一般信念的主张极易改变/近一个世纪里，主张和信念变化明显/这些变化的真正局限/变化所影响的事物/目前，一般信念的消失以及报纸新闻的迅速发展导致主张越来越多变/为什么群体对大多数主体倾向于漠不关心/像以前一样，政府现在无力引导舆论/现在舆论分歧阻止了专制的出现。

## 1. 牢固的信仰

生物的解剖学特征和心理学特征非常相似。在解剖学特征中，有些因素是不变的或变化微小，需要以地质年代计算才能看到它们的变化。除了这些固定的、不可变的特征，还有一些极易变化的特征，比如，饲养技术或园艺技术很容易改变的特征，有时甚至可以让人们看不到它们的基本特征。

在道德特征上也可以观察到同样的现象。一个种族中，除了不可改变的心理特征外，还有很多可变的特征。因此，在研究一个民族的信念和主张时，我们总会发现在固定的基础之上，还有一些非常容易变化的主张，就像岩石上的流沙。

群体的主张和信念可以分为非常不同的两类。一方面，我们拥有一些重要的、恒久的信仰，这些信仰持续了几个世纪，整个文明的建立都依赖于此。例如，在过去，包括封建主义、基督教思想和新教；在我们自己的时代，是民族主义原则和当代民主及社会思想。其次，是一些短暂的、不断变化的主张，每个时代都可以看到它们出现和消失。例如，塑造文学和艺术的理论产生了浪漫主义、自然主义、神秘主义等。这些观点通常是肤浅的、时尚的、多变的。它们就像是在深湖表面不断泛起又消失的涟漪。

伟大的普遍信念在数量上非常有限。它们的兴衰形成了每一个历史悠久种族的最高点。因此，它们构成了文明的真正基础。

在群体的思想中形成一时的舆论很简单，但要植入持久的信念则很难。然而，后者一旦确立，要将其连根拔起也很难；要改变它，通常要以暴力革命为代价。即使发动革命，也只有在信仰几乎完全失去对人类思想的影响时才起作用。可以说，革命是扫除几乎被抛弃的信念残渣的，尽管习惯的力量阻止了它被完全抛弃。革命的开始实际上就是信仰的终结。

一个伟大的信念在走向衰败时很容易识别，就是它的价值开始被质疑的时刻。每一种普遍的信仰都是虚构的东西，只能在不受检查的条件下存在。

但是，即使信仰受到严重动摇，建立在它上面的制度也会保留其力量，随后才慢慢消失。最后，当信仰完全丧失了力量时，它所支撑的一切很快就会一起毁灭。到目前为止，一个民族若不能下决心破坏其文明的所有元素，就无法改变其信仰。这个民族会继续这种转变过程，直到可以找到并接受一种新的普遍信念：在此之前，它当然会处于无政府状态。一般信仰是文明不可或缺的支柱，它们决定了思想的趋势。只有它们才能激发信念并创造责任感。

各个民族都意识到了获得普遍信仰的效用，本能地懂得，信仰的消失将成为自己衰落的信号。罗马人对罗马的狂热崇拜，使他们成为世界的主人；当信仰消亡时，罗马注定要灭亡。至于摧毁罗马文明的野蛮人，也只有当他们获得了某些普遍接受的信仰时，才能取得结盟，并从无政府状态中脱颖而出。

各国在捍卫自己的意见时总是表现出不容忍的态度，这显然是有原因的。从哲学的角度来看，这种不容忍态度值得商榷，却代表了一个民族生命最必要的美德。在中世纪，正是为了创造或坚持一般信念，那么多发明家和创新者被送上了火刑柱，即使他们逃脱了殉难，也会在绝望中死去。正是由于这种对信念的捍卫，世界经常出现最严重的混乱局面，成千上万的人已经在战场上死亡，并且还将有更多人会在那里死去。

建立普遍信仰的过程并不容易，但是一旦它被植入，它的力量将在很长时间内立于不败之地。即便它是错误的，也可以让最智慧的人接纳它。1500多年来，欧洲人民不是一直认为那些野蛮的宗教传说是无可争辩的吗？只要仔细研究一下，就会发现这些传说与莫洛克神一样野蛮[①]。上帝因为创造的生物不听话，而对自己的儿子进行折磨，自我报复，这么荒谬的传说，就连伽利略、牛顿和莱布尼茨这样的天才都从

① 我指的是哲学上的野蛮。实际上，它创造了一个全新的文明，十五个世纪以来，让人类瞥见了那些迷人的梦境和希望。

来没质疑过这样的教条。如果说信仰有怎样的催眠效果，没有什么比这些事实更为典型了。它同时也说明了我们的智慧多么的局限。

一旦新的教条被植入群体的思想中，它就会成为灵感的源泉，从而进化出它的制度、艺术和存在方式。在这种情况下，它对人的思想有绝对的影响力。实干家只想实现它，立法者只想应用它，哲学家、艺术家和文人则专注于通过各种形式来表达它。

从基本信念中，可能会生出一些暂时性的、不那么重要的思想，但它们总是会带着信念的印记。埃及文明、中世纪的欧洲文明、阿拉伯人的穆斯林文明都是少数宗教信仰的结果，这些信仰在这些文明的所有元素上都留下了印记，能够立即被辨识出来。

因此，由于一般的信仰，每个时代的人都生活在传统、主张和习俗的网络中，使他们在枷锁中无法自拔，这些东西让他们变得彼此相像。影响人们行为的最重要的是信念和习俗，而这些都是从信仰中派生出来的。这些信念和习俗影响着我们生活的每个角落，即便最独立的精神也无法摆脱它们的影响。它在不知不觉中支配着人们的思想，它才是唯一真正的暴政，因为它无法抗拒。提比略、成吉思汗和拿破仑确实是可怕的暴君，但摩西、佛陀、耶稣在他们的坟墓深处对人类的灵魂进行着更为专制的支配。一场阴谋可能会推翻一个暴君，但是它能够消灭一个坚定的信念吗？在与罗马天主教的激烈斗争中，尽管明显得到了大众的支持，尽管采取了如同宗教裁判所般的破坏性措施，战败的仍然是我们的大革命。人类所知道的唯一真正的暴君，永远只是对死者的记忆或他们自己创造出来的幻想。

普遍信仰从哲学上看往往十分荒谬，但这从未成为它们取得胜利的障碍。事实上，只有它们包含一些有神秘色彩的谬误，这种信念才能取得胜利。因此，今天社会主义信仰的明显弱点不会阻止它们在群众中获胜。它们与宗教信仰相比确实不值一提：宗教信仰提供的幸福理想只有在未来的生活中才能实现，因此任何人都无法对其提出质疑；而社会主义的幸福理想在地球上实现，在他们进行第一次尝试之后，就会显露出其承诺的虚伪自负，这个新的信念也就失去了声望。它的力量只会增加到胜利的那一天，也就是社会主义实现的时候。那么，如果新宗教一开始也像所有先前的宗教一样具有破坏性，将来它不会发挥创造性作用。

## 2. 群体多变的主张

我们刚刚展示了恒久信念的力量，在它们的基础之上，出现了不断涌现和消亡的观点、主张和思想。其中一些观点只存在了一天，再重要一些的观点影响的也不会超过一代人。我们已经指出，这些看法的变化有时更多是肤浅的，而且总是受到种族特性的影响。例如，在审视法国的政治制度时，我们已经分析过，所有人看起来完全不同的政党，包括保皇派、激进分子、帝国主义者、社会主义者等，他们都有完全相同的理想，而这种理想完全依赖于这个种族的心理结构。因为在其他种族中，相同的名称下隐藏的则是完全不同的理想。因为意见名称的改变和欺骗性的改编都不会改变事物的本质。大革命时的资产阶级深受拉丁文学的影响，他们的眼睛盯着罗马共和国，采用了它的法律、法系以及它的权杖和法袍，但他们最终也没有成为罗马人，因为他们受到强大的历史暗示的影响。哲学家的任务是透过表面变化的现象，寻找到依然存在的古老信仰，并在不断变化的观点中识别出由一般信仰和种族天性决定的部分。

如果不做这种哲学检验，人们会以为群体经常随意改变他们的政治或宗教信仰。所有历史，无论是政治、宗教、艺术还是文学，似乎都证明了这种情况。

举个例子，让我们看一段非常短暂的法国历史，仅仅是从1790年到1820年这三十年，一代人的时间。在此过程中，我们看到第一个保皇派的群体变得非常具有革命性，然后变成了极端的帝国主义者，最后又变成了君主制的支持者。在宗教问题上，它从天主教到无神论，然后走向自然神论，最后，回归最虔诚的天主教徒。这些变化不仅发生在群众中，也发生在群体的领导者之中。我们惊讶地看到，国会的杰出人物、国王的死敌、无神论与无主论者，都成为了拿破仑卑微的仆人；之后，在路易十八的麾下，他们又举着蜡烛，虔诚地走在祭司的队列中。

在接下来的七十年里，群体的观点发生了很多变化。19世纪初的英国叛徒却成了法国盟友；被法国入侵了两次的俄罗斯却成为了法国的朋友。

在文学、艺术和哲学中，主张的演变就更迅速了。浪漫主义、自然主义、神秘主义等依次出现并消亡。昨天被吹捧的艺术家和作家，明天就可能会受到极大的蔑视。

然而，当我们深入分析这些表面变化时，我们发现了什么？所有那些与种族的一般信念和情绪相悖的东西都是短暂的，不入流的思想很快会与主流思想汇合。与种族的任何一般信念或情绪无关的主张，都缺乏稳定性，是偶然的；或者也可以说，任何环境的变化都可能会影响到它们。它们在暗示和传染的作用下形成的暂时的观点；就像海边被风堆起的沙丘一样，它们迅速地出现并消失。

目前，群体的可变主张，数量比以往任何时候都多，原因有三个。

首先，旧的信念越来越没有影响力，它们不再像过去那样，能够塑造当下的短暂的主张。普遍信仰的削弱，为没有过去也没有未来的偶然主张的出现奠定了基础。

第二，群体的力量正在增加，而这种力量越来越没有制衡的力量。我们了解的群体主张的多变性可以自由地表现出来了。

第三，报纸最近的发展，不断把完全相反的意见呈现给人们。每个主张可能产生的暗示很快就被意见相左的暗示所破坏。结果是没有任何主张能够成功地普及，并且所有这些主张的存在都是短暂的。如今，一个主张在它被广泛接受、成为一般主张之前就消失了。

这些不同的原因，导致了世界历史上最新的现象，这也是当代最重要的特色，我是指政府在舆论引导方面的无能。

在以前，不久的以前，政府的行动、少数作家和极少数报纸控制了舆论导向。而今天，作家们已经失去了影响力，报纸只反映了民意。至于政治家，他们唯一能做的就是被舆论牵着走。他们害怕甚至恐惧舆论，导致他们的行为总是左右摇摆。

因此，群体的主张越来越倾向于成为政治上的最高指导原则。如今，它可以迫使国家结盟，比如，法国–俄罗斯联盟就是民众运动的结果。当前，一个奇怪的现象是，教皇、国王和皇帝同意接受采访，会根据群众的判断提出他们对特定问题的看法。以前，我们可以说执政不能感情用事可能是正确的。今天，当政治越来越受到群体多变冲动的左右，被他们的不理性所影响，只能被情绪所引导，我们还能那么说吗？

至于新闻报纸，以前的舆论先锋，现在它也像政府一样，在群体的力量面前示弱。毫无疑问，它具有相当大的影响力，但这仅仅是因为它完全反映了公共舆论及其不断变化的主张。成为一个纯粹提供信息的机构后，新闻界已经放弃了宣扬观念和学说。它跟随群体思想的变化，否则会失去读者。过去的严肃而有影响力的机构，如《宪法报》《论坛》《世纪报》，被上一代看做神谕，现在却已经消失或改版成为典型的现代报纸，其中最有价值的新闻被夹在各种轻松话题、社会八卦和金融广告之间。今天，毫无疑问，报纸都不允许编辑发表个人观点，因为这些观点对于那些只想查找消息或图乐子的读者而言没有任何价值；他们怀疑，这些观点不过是经过粉饰的言论，还会担心上当受骗。即便是评论家也不能保证能捧红一本书或一部戏剧；他们有能力搞破坏，却提供不了服务。这些报纸明白，批评或个人意见没有什么用处，所以在逐步取消文学评论，只保留一些书名，并附加上两三行吹捧的说辞[①]。在二十年的时间里，戏剧评论可能会遭遇同样的命运。

时刻关注民意已成为新闻界和政府的主要工作。一个事件、一个立法提案、一个演讲所产生的影响，是他们最想马上了解的事情。但这项任务并不容易，因为没有什么比群体的想法更具有可变性。群体今天咒骂昨天还在鼓掌的事情，再常见不过了。

因为没有主导性意见的引导，还有一般信仰的消失，最终导致对任何事情的分歧都很大，只要不触及他们的直接利益，群众对一切都漠不关心。对于各种理论的探究，诸如社会主义

① 这些言论是指法国报纸报刊

之类，只会在文盲和矿工群众才会获得拥护。小资产阶级和受过教育的工人，要么完全持怀疑态度，要么意见极不稳定。

在过去的二十五年里，朝这个方向发展的变化是惊人的。就在前一时期，虽然离我们很近，但意见仍然有一定的趋势，主要是他们接受了一些基本信念。如果一个人是保皇派，那么他在历史和科学中都拥有着某些明确定义的观念；如果一个人是共和主义者，他的观点则会与保皇派完全相反。保皇派很清楚，人类并不是猴子的后裔；共和党人却持相反的意见。谈及革命，保皇派心生恐惧；共和主义者则满心崇拜。一些名字，比如罗伯斯庇尔和马拉，必须用宗教式虔诚的语气说出来；另外一些名字，比如恺撒、奥古斯都或拿破仑，说的时候则必须咬牙切齿。甚至在法国索邦大学，这种理解历史的方式也很普遍。①

目前，一经讨论和分析，所有的主张都失去了声望；它们鲜明的特征很快消失了，很少再能激发人们的热情。现代人变得越来越冷漠。主张的衰亡不值得人们哀悼。不论它是否是民族颓废的症状，我们也无法阻挡。可以肯定的是，那些洞察敏锐的人、使徒和群体的领袖，简言之，具有坚定

---

① 从这个观点来看，法国官方历史教科书中有些描述十分奇怪。他们也证明了法国流行的大学教育体系不利于培养批判精神。我摘录了索邦大学历史教授韩波关于《法国大革命》的内容：“攻占巴士底狱不仅是法国的历史，而且是整个欧洲历史上的一个高潮，它开创了世界历史的新纪元！”对罗伯斯庇尔来说，我们在书中居然读到：“他的独裁体现在了观点、说服和道德权威方面，这就像一位有德行的人掌握教皇的权位。”（第91和220页）

信念的人，比动不动就拒绝、批评或漠不关心的人所发挥的作用要大得多。但不能忘记的是，群体现在的威力太大了，只要一种主张获得足够多的声望，为大家普遍接受，很快就会被赋予暴虐的专制力量，一切都必须臣服于它，自由讨论的时代将会远去。群体偶尔也像一位随和的主人，如同赫利奥加巴勒斯和提比略一般，但他们也极其反复无常。一种文明，当群体争先恐后地接受它时，其发展就会前途未卜；恰恰是群众主张的极端不稳定，他们对普遍信仰越来越漠不关心，才使得文明不至于很快毁灭。

# 卷三 / 不同群体的分类及其特点

# 第一章
# 群体的分类

群体的一般分类 / 他们的分类 / 1.异质性群体。他们的不同类型 / 种族的影响 / 种族的精神越强大，群体的精神就越弱 / 种族的精神代表着文明的状态，群体的精神代表着野蛮状态 / 2.同质性群体。他们的不同类型 / 教派、身份团体和阶级。

我们在本书前面的内容中指出了心理群体的一般特征。当它们被刺激影响后，会改变其特征，具有一般特征以外的独特特征。首先，我们来阐述一下群体的分类。

我们的出发点是简单的人群。当人群由属于不同种族的个体组成时，便呈现出最初级的人群群体。在这种情况下，人们之间的唯一纽带就是首领或多或少受人尊重。几个世纪以来入侵罗马帝国的野蛮人，来源十分复杂，可被看作是这类群体的典型。

比不同种族组成的人群更高一层次的，是受某些因素影响获得共同特征，因而最终形成一个种族的人群。它们有时表现出群体的特征，但与种族特性的力量相比不值一提。

在此书研究过的那些因素的影响下，这两类人群可能会转变为有组织的群体或心理学意义上的群体。我们将这些有组织的群体分成以下几种：

1.异质性群体。

A.无名称群体（如街头人群）

B.有名称群体（如陪审团、议会等）

2. 同质性群体。

A.派别划分（政治、宗教、经济派别等）

B.身份划分（军人、僧人、工人等）

C.阶级（中产阶级、农民阶级）

我们将简要地指出这些不同类别群体的区别特征。

## 1. 异质性群体

本书前面研究的均是此群体的特征。它们由性质不同的人组成，例如不同的职业或智力水平。

不同的个体成为某个行为群体的一部分，他们的集体心理与个人心理不同，他们的智力也会受到这种差异的影响。我们已经看到，智力在集体中不起作用，群体完全受到无意识情绪的影响。一个基本因素，即种族，将各种异质性群体彻底区分开来。

我们经常提到种族所扮演的角色，并且已经证明它是能够决定人行为的最强大因素。它还会影响异质性群体的性格。偶然聚集的人群组成的群体，但他们都是英国人或都是中国人，将与由其他种族的人群（例如俄罗斯人、法国人或西班牙人）组成的群体有很大不同。

当不同国家的人按照大致相同的比例，因环境因素而聚集在一起，不论表面利益多么一致，其思维模式产生的差异会突然变得突出。社会主义者试图召集不同国家的工人代表开大会，总是以不和谐结束。拉丁群体，无论多么具有革命性或保守性，最后总是呼吁国家帮忙，以实现其需求。他们总是喜欢集权，或多或少地支持独裁统治。相反，英国或美国人组成群体，不会以国家为中心，他们更注重个人利益及目标。法国群体特别重视平等，英国群体则看重自由。这种种族差异解释了，有多少个民族就有多少种社会主义和民主的形式。

因此，种族的天性对群体的性格产生了至关重要的影响。它是一种决定性力量，限制着群体性格的变化。“种族天性越强大，群体特征就越微弱，越不受重视”，这应该被视为一项基本定律。群体的状态和群体的统治，代表的就是野蛮状态或在回归野蛮状态。在获得一种结构稳定的集体精神后，种族才能摆脱缺乏思考的群体力量，走出野蛮状态。除了基于种族外，异质群体的主要分类是无名称群体（例如街头群体）和有名称群体（例如审议集会和陪审团）。无名称群体缺乏责任感，而有名称群体则责任感爆棚，这就使他们各自的行为有很大的不同。

## 2. 同质性群体

同质性群体包括：1. 宗教派别；2.身份团体；3.阶级。

派别代表了同质性群体形成组织的第一步。它包括在教育、职业和所属社会阶层方面存在很大差异的个人，他们共同的联系只有信仰。这方面的例子是宗教和政治派别。

身份团体最易于形成组织。如果说派别中的个体拥有不同的职业背景、教育程度和社会环境，他们只是通过共同拥有的信仰联系在一起，那么，身份团体的个体往往是由同一职业的个体组成，因此受教育程度差别不大，并且拥有相似的社会地位。军人和僧侣就是这种例子。

阶级群体由不同来源的个体组成，不是由一个信仰团体联系在一起，也不是由一个教派的成员或共同的职业联系在一起，不像派别和身份团体的成员，这个群体是由于某些利益和某些相近的生活习惯和教育而聚集在一起。中产阶级和农业阶层就是这种例子。

这里，我只关注异质性群体，另一本书会研究同质性群体（教派、身份团体和阶级），在这里我不再叙述同质性群体的特点。后文用于研究异质性群体，稍后会考察其他特殊群体的特征。

# 第二章
# 所谓犯罪的群体

所谓犯罪的群体 / 群体行为可能在法律上是犯罪，但在心理上却是完全无意识的 / 群体行为是完全无意识的 / 九月大屠杀参与者的心理 / 他们的推理、敏感、残酷和道德。

在经过一段兴奋期之后，群体会进入一种纯粹自动和无意识的状态，在这种状态下，他们受到各种暗示的支配，因此很难将他们视为犯罪群体。我保留这种错误的说法，因为最近的心理研究使这种说法变得十分流行。某些群体的行为，就事论事，确实是犯罪行为。但这种犯罪行为，就像一头老虎让其幼崽先把一个印度人撕咬得血肉模糊，再将其吃掉是类似的。

群体犯罪通常会受到强有力的暗示，参与此类犯罪的人服从这种暗示，并坚信自己在履行责任，因此，群体犯罪与普通犯罪的情况相差甚远。

群体犯罪的历史可以说明上述观点。

谋杀巴士底狱监狱长可以作为一个典型的例子。在占领堡垒之后，一群非常激动的罪犯包围了监狱长，并对他进行殴打。罪犯中有人提议吊死他，或者砍掉他的头，或者把他绑在马的尾巴上拖死他。在挣脱的时候，监狱长无意中踢了一个在场的人。于是有人提议，被踢的人应该割破狱长的喉咙，这个提议立即得到了群体的赞成。

被踢的人不过是一个失业的厨师，他在场只是为了围观正在发生的事情。但因为这是群体一致的意见，他相信这种行为是爱国的，甚至他会因此而获得奖章。从别人那里接过一把刀，他击中了狱长裸露的脖子。但刀太钝了，他没有切断狱长的脖子。随后，他从口袋里拿出一把黑柄的刀子（因为他是厨师，在切肉方面经验丰富），成功地完成了这次杀害任务。

在该示例中我们可以清楚地看到上述犯罪的过程。我们服从暗示，来自集体的暗示比来自个人的暗示更加强大，而且凶手坚信他做的是非常有价值的行为，而同胞的一致认可更让他感觉这是再自然不过的行为了。这种行为，从法律上来看属于犯罪，但从心理学上来看不是犯罪。

犯罪群体的一般特征与所有其他群体的一般特征并无不同：易受暗示、轻信、多变、情感夸大、表现出某些形式的道德感等等。

我们会发现，所有这些特征在参与九月大屠杀的群体身上都能找到。事实上，它与参与圣巴托罗缪大屠杀的群体有很多相似之处。在此我转述泰纳叙述中的细节：

目前尚不清楚是谁下达了命令或暗示要杀光囚犯、空出监狱。无论是丹东还是其他人，都无关紧要；对我们来说，杀人者受到了来自群体所提出的有力暗示。

这个凶手群体大约有三百人，是一个典型的异质性群体。除了少数恶棍外，它主要由各个行业的店主和工匠组成：靴匠、锁匠、理发师、泥瓦匠、文员、信使等等。在受到暗示的影响下，他们完全相信，正如上面提到的厨师，他们认为杀死狱长是一项爱国义务。他们认为自己既是法官又是刽子手，而不是罪犯。

意识到自己职责的重要，他们建立了临时审判法庭和刑场，在这种行为中，可以看到犯罪头脑简单，他们的正义也一样。考虑到被告的人数众多，他们首先决定，不论是来自贵族、牧师、官员和国王的奴仆，没必要对他们一一审判，可以全部屠杀；因为在一个爱国者看来，仅仅从职业的角度就可以评判他们的罪行。其余的人，可以根据他们的形象和声誉来判断所受的量罚。通过这种方式，群体的退化了意识得到了满足，它现在能够合法地进行大屠杀，释放自己残忍的本能一面了。我在其他地方讨论过这种本能的来源，群体总能把它发挥得淋漓尽致。然而，群体中也经常出现相反的情绪，比如说同情，但这种同情往往也很极端，他们有多残忍，同情心就有多泛滥。“他们对巴黎工人有着广泛的同情和同理心。在阿巴耶修道院，一名联邦成员得知囚犯在没有水的情况下被渴了近一天后，一心想将那个粗心的狱卒杀死，如果没有囚犯们求情，这名联邦成员一定会杀死他。当一个囚犯（由临时法庭）被无罪释放时，每一个人，包括警卫和屠宰者，都会疯狂地拥抱着他，热烈地欢呼、鼓掌”，之后，重新开始大屠杀。在杀人过程期间，欢乐的氛围从未停止过，人们在尸体周围载歌载舞，摆好长椅，让“女士们”见证他们杀戮贵族的场景。此外，这种仪式似乎充满着正义感。

在阿巴耶，一名屠宰者抱怨说，女士们坐得有点儿远了，只有被安排在最跟前的几位女士才能看清楚屠杀贵族的整个过程。因此，他们让受害者排成两排，在刽子手中间缓慢地通过，这样刽子手可以多次砍杀受害者，以便延长其痛苦的时间。

屠宰者也有他们的顾忌，表现出了我们指出过的群体中的道德感。他们拒绝将受害者的钱财和珠宝据为己有，将它们放到委员会的桌子上。

群体幼稚的推理方式，总是在他们的行为中被有所体现。在处决了1200或1500位民族公敌之后，有人提议说，在别的监狱里，还关注年老的乞丐、流浪汉和年轻囚犯，他们除了浪费粮食毫无用处，应该杀掉他们，此想法受到了大家的拥护。况且，囚犯中当然也有人民的敌人。比如，一个名叫德拉鲁的女人，因毒杀丈夫而入狱："如果她能焚烧到巴黎，她一定会这么做，事实上，她一定也这么说过。把她一起除掉算了。"这种说法似乎很有道理。于是，囚犯无一例外地全部被屠杀，其中包括大约五十名十二至十七岁的儿童，因为按照以上的群体逻辑，他们以后也可能成为国家的敌人，杀掉他们也是最好的结果。

屠杀进行了一周时间，所有行动才结束，刽子手们可以休息了。他们深信，他们在为国家做贡献，他们去向政府请赏，态度最坚决的人甚至要求得到奖章。

1871年巴黎公社的历史也记录了很多类似的事实。鉴于群体影响力日益增强，当局势力不断衰微，我们还会看到很多类似事情的发生。

# 第三章
# 刑事法庭的陪审团

刑事法庭的陪审团／陪审团的一般特征／统计数据显示他们的决定与他们的组成无关／影响陪审团的方式／辩论的风格和影响／著名律师的说服方法／让陪审团宽容或严厉的罪行／陪审团制度的效用以及被法官取代所带来的威胁。

由于无法在这里研究每一种类陪审团，我只研究最重要的，即刑事法庭的陪审团。这些陪审团提供了一个异质性非匿名群体的极好例子。我们会发现，他们很容易受暗示影响，推理水平较低，同时受群体领袖的影响，主要受无意识的情绪支配。在本次调查过程中，我们将有机会观察一些有趣的例子，这些是不熟悉群体心理学的人可能犯的错误。

首先，陪审团为我们提供了一个很好的例子，说明群体所做的决定与智商无关。我们已经看到，当一个评审团被要求就一个非完全技术性的问题发表意见时，智商根本不起作用。例如，由科学家或艺术家组成的陪审团，对一般问题上，与泥瓦匠或杂货商组成的群体作出的判断没什么区别。在不同的时期，特别是在1848年之前，法国政府一直在谨慎地选择组成陪审团的人，从有文化的阶层中招募陪审员，包括教授、官员、文人等。目前，陪审员大多是从小商人、小老板和雇员中招募的。然而，令专家感到非常惊讶的是，无论评审团的组成如何，其决定都大同小异。即使是对陪审团机构怀有敌意的地方法官也不得不承认这一观点的正确性。前刑事法院院长贝拉·德·格拉热在其《回忆录》中这样表达自己的观点："今天的陪审员选择权在市议员手中，他们根据实际情况，出于政治考虑选择陪审员，大多数被选中的陪审员是商人，因为这些人的地位今非昔比，或从政府部门选取。一旦要行使判决职责，他们的主张和专业度都不见了，许多人表现出新人的热情，最有见地的陪审员也变得谦卑起来，陪审团的精神没有改变：它的判决仍然没有改变。”

在刚才引用的段落中，我们应该记住结论，而不是那些没有支撑的解释。对于这一不足，不必感到太多的惊讶，因为与地方法官一样，律师通常不了解群体的心理，也不了解陪审团的心理。我在刚才引用过的作者所讲的相关事实中找到了依据。作为刑事法院最杰出的大律师之一，肖先生利用他的权力，总是设法招募最聪明的人进入陪审员。然而，只有经验才能让我们了解，这样做毫无用处。事实证明，目前，检察官和大律师，至少巴黎律师协会的律师，完全放弃了反对陪审员的权力。正如德格拉热所言，判决没有改变，“结果既不会更好，也不会更坏”。

像所有群体一样，陪审团受情感的影响非常强烈，但很少受论证的影响。“他们无法直视一位给孩子哺乳的母亲或一群孤儿。” “一个女人，只要可爱一点儿，就足以赢得陪审团的仁慈”，德·格拉热说。

陪审团对于那些可能危及自己的罪行毫不怜悯，当然，这种罪行对社会来说也是最危险的。相反，出于情感因素的违法犯罪，陪审团往往比较宽容：对于未婚先孕的杀婴母亲，或者向诱奸和抛弃她的男人投掷硫酸的年轻女性。因为他们本能地认为，这些罪行对社会带来的危险不大，[①]在一个法律不能保护被遗弃女孩的国家，复仇女孩的罪行反倒无害，因为它会震慑诱奸者。

像所有群体一样，声望对陪审团影响很大。德·格拉热非常恰当地评论说，组成上民主的陪审团，在态度上却很贵族化，“姓氏、出身、财富、名声以及名律师出庭，一切不同寻常或能为被告增光的事情，都可以使他处于极其有利的地位。”

一个好律师，应该研究如何打动陪审团的感情。像对待所有群体一样，少做论证，或者只是采用最简单的推理模式。一位英国大律师因其在审判法庭上的成功而闻名，他已经总结了应遵循的行为准则：他会认真观察陪审团，并抓住最有利的时机。凭借洞察力和经验，他可以从陪审员的表情中读出陈词的效果，并得出了他的结论。他的第一步是，确定陪审团中哪些成员已经被他所打动。然后，他把注意力转

---

① 顺便说一句，陪审团将这些罪行分为对社会构成威胁的和不对社会构成威胁的，这种做法并不是没有道理。刑法的目的显然是保护社会免受危险罪犯的侵害，而不是为了报复。另一方面，法国法典，尤其是法国地方法官的思想，仍然深深地受到旧法律中复仇精神的影响，“起诉”（来自拉丁语vindicta，报复）一词，仍经常挂在人们的嘴边。许多法官拒绝执行贝朗热法，该法律规定，被定罪的人只在重复犯罪的情况下才会被判刑。然而，所有法官知道（因为有统计数据），第一次施加惩罚的行为，无疑会导致受到惩罚的人进一步犯罪。而当法官释放一个被判刑的人时，他们似乎总觉得没有替社会进行报复。所以，他们宁愿制造一个危险的罪犯，也不愿不为社会伸张正义。

向那些看起来仍在反对他的陪审员身上，并尽量发现他们谴责被告的原因。这是最微妙的地方，因为指控一个人，除了正义感，还可能有很个人的理由。”这几句话道出了辩护的奥妙，它也让我们看到，为什么预先准备的讲稿用处不大，因为必须要根据陪审员当场的反应，随时修改措辞。

辩护者不必获得所有陪审团成员的支持，只需要获得意见领袖的认可。和所有群体一样，在陪审团中也有少数人起带头作用。“我从经验中找到了，”上面提到的律师说，“一两个意见领袖足以影响陪审团的其他成员的意见。”可以通过巧妙的暗示，对其中的两三个人进行说服。首先，最重要的是取悦他们。被成功取悦的人很愿意接受提供给他的任何论据。我从拉肖先生的描述中选取了下面的轶事：众所周知，在他所有刑庭审判的演说中，他从未忽视过陪审团中具有影响力而又固执的两三位陪审员。通常，他都能够成功地赢得这些难搞的陪审员。但有一次在外省，他滔滔不绝地讲了三刻钟，尽力争取坐在第二排的第七位陪审员。然而，效果令人沮丧。突然，在充满激情的演说活动中，拉肖停了下来，向法庭院长请求说：“是否可以把前面的窗帘拉上？第七位陪审员被太阳晒得睁不开眼睛。”第七位陪审员害羞地笑了笑，并表达了他的感谢。就这样，拉肖把他争取了过来。

许多作家，其中包括一些非常出色的作家，发起了对陪审团制度的强烈反对，可这一制度是我们唯一的办法，以防止特权阶层一手遮天[①]。一部分作家主张，专门从有文化的阶层招募陪审团成员；但我们已经证明过，即使这样，案件的判决也并没有什么不同。作家以陪审团犯下的错误为依据，建议取消陪审团，并由法官取代。他们怎么会忘记陪审团的错误是由法官先犯下的呢？当被告人来到陪审团面前时，他已经被法官、检察官和提审法院认定为有罪，因此，应该清楚的是，如果被告是否有罪是由法官而不是陪审员来判断，那么，他将失去唯一被证明无罪的机会。陪审团的错误首先是地方法官的错误。当出现了严重的司法错误时，地方法官首先难辞其咎。例如，对L医生的指控就是如此。一个智力不太健全的女孩谴责医生为了三十法郎，就对她进行了非法手术，结果医生被预审法官提起了公诉，并打算把他关进苦役监狱，这引起了公愤，导致国家首脑很快特赦了他。被指控的人得到众人的赞誉，使得这个诬告不证自明。地方法官自己也承认这一点，但出于本阶层利益的考虑，他们也会竭尽所能阻止赦免。在类似案件中，面对无法理解的技术细节，

---

① 事实上，地方官是唯一一个不受监督的行政官员。尽管民主的法国进行了所有的革命，但它并不具备英国人为之自豪的《人身保护法》。我们已经驱逐了所有的暴君，但在每个城市都设立了一个地方法官，他们可以随意处置公民的荣誉和自由。一个刚毕业的大学生，成为预审法官后，便拥有评判权力，可以随意将人送入监狱。他可以判定某人有罪，而无需向任何人解释这样做的理由。以调查为借口，他可以将这些人关进监狱六个月甚至一年，并最终释放他们时不需要给他们任何赔偿或道歉。传票的逮捕力度完全等同于国王的赦令，后者只能由占据极高位置的人使用，而司法许可者则是公民人人可以获得的工具，即使不具有学识和独立精神的人也可以得到。

陪审团自然会听取检察官的意见，心想，毕竟由受过训练的法官进行调查过。那么，谁是错误的始作俑者，陪审团还是地方法官呢？我们应该支持保留陪审团。它可能是唯一一个不能被任何权威所取代的群体。只有它才能缓和法律的严苛，法官并不接受怜悯之情，只认法律文本，职业要求他们严厉无情，对犯有谋杀罪的盗贼和被诱惑者抛弃、被迫杀婴的可怜女孩的判决并无不同。陪审团本能地认为，被诱惑的女孩比诱惑者更无辜，她应该得到法律的宽恕。

我十分熟悉这个阶层的心理，也了解其他群体的心理。如果我被错误指控，我宁愿与陪审团打交道，而不是与法官打交道，因为前者有可能会为我证实清白，而后者却不会轻易承认。群体的力量是可怕的，但某些身份团体的力量更可怕。前者对定罪持开放态度，但后者却永远不会让步。

# 第四章 选民群体

选民群体的一般特征／说服他们的方式／候选人应具备的素质／声望的必要性／为什么工人和农民很少从他们自己的阶级中选出候选人／词语和套话对选民的影响／选举演说的一般特点／选民的意见是如何形成的／政治委员会的权力／他们代表最可怕的暴政／大革命时期的委员会／普选尽管在心理上没有什么价值，但不能取代／为什么即使限制选举权不改变选举结果／普选在各国反映了什么选民群体，即以选举某些具有公共职能权力的集体，属于异质性群体，但由于他们的行动仅限于一个明确的事项，即在不同的候选人之间进行选择，他们只具有前面描述的几个特征。他们显示出群体特有的特征：推理能力差，缺乏批判精神，烦躁、轻信和头脑简单。此外，他们做决定时受领袖人物的影响，前面列举过起作用的因素：断言、重复、声望和传染。

让我们来看看选民群体是怎么被说服的。从最有效的方法中很容易推断出他们的心理。

首先，候选人具备声望是至关重要的。个人声望只能由财富所取代。才干甚至天才都不是成功的主要因素。

候选人必须拥有声望，即使选民不需经过讨论就会接受自己。大多数是工人或农民的选民之所以很少选择自己的阶层代表他们，是因为这样的人在他们中间没有声望。当他们偶然选出一个同阶层的选民时，通常会出于其他的原因，例如，向一位杰出人士或者是选民日常依赖的雇主表达不满，让自己幻想当一会儿强者的主人。

然而，拥有声望并不足以确保候选人的成功。选民特别执着于自己的贪婪和虚荣的奉承。候选人必须被奉承，并且必须毫不犹豫地向选民做出蓝图的承诺。如果选民是工人，就有必要侮辱他的劳动雇主；至于竞争对手，必须努力通过断言、重复和传染，使他臭名昭著。当然，没有必要去找什么证据。如果对手不熟悉群体的心理，他会试图通过论证来证明自己，而不是用别的断言来回应断言。如果是这样，他就没有机会成功。

候选人的书面纲领不能过于绝对，因为对手以后可能会在这上面做文章。然而，口头上却可以夸大，对于改革做出无畏的承诺。这些夸大其词会产生巨大的影响，并且它们对未来没有约束力，选民从不关心自己选出来的候选人到底实现了承诺的多少，哪怕当初选他就是因为这个承诺。

此前我们所描述的所有说服因素都可以在上述实例中见到。在词汇和套话的运用中，我们还会再次遇到它们，至于词汇和套话的影响，我们已经讨论过。知道如何利用这些说服手段的演说家可以左右群体按照他的意愿行事。诸如“万恶的资本”“卑鄙的剥削者”“令人钦佩的工人”“财富的社会化”等表达总是会产生同样的效果，尽管用得已经滥掉了。但是，使用新的套话，含糊其词，收效会很好，因为它们可以满足群体的愿望，从而获得成功。1873年的西班牙血腥革命是由这些具有复杂意义的神奇短语之一引起的，每个人都可以有自己的理解。当时的一位作家对这一情况进行了描述，值得在这里引用：

“激进派已经发现，一个集权制的共和国就是一个伪装的君主制国家。为了迎合他们，议会一致同意建立‘联邦共和国’，尽管没有选民可以说清楚他投票赞成什么，但这个名称让每个人都感到高兴。美德和幸福就要降临到人间了。一个共和党人，如果其政敌拒绝了他联邦党人的头衔，他便会认为自己受到了极大的侮辱。人们在街上高歌‘联邦共和国万岁！’之后，对缺乏纪律以及自治的士兵加以赞美。‘联邦共和国’到底是什么？有人认为，解放各省，建立类似于美国的制度，或行政分权；其他人则认为，要废除所有权利，开始社会大清算。巴塞罗那和安达卢西亚的社会主义者支持公社的绝对领导；他们提议在西班牙建立一万个独立的自治市，只遵守自己的法律，同时取消警察和军队。在南部省份，很快就出现了暴动，从一个城镇和村庄蔓延到另一个城镇和村庄。每个村庄一宣布独立，就立刻摧毁电报线和铁路线，以便切断与邻国和马德里的所有通信。没有哪个村庄不希望自己独立。联邦已经让位于州郡割据，到处杀人放火，到处在庆祝血腥的屠杀。”

至于有人怀疑选民是否会受到理性的影响，至少他从未阅读过竞选报告。这样的集会充满断言痛骂，相互厮杀，但却没有论证。如果沉默一时，那是因为有一位坏脾气的人士在场，他要向候选人提个问题，使其难堪，以此来愉悦大众。然而，反对党的满意是短暂的，因为提问者的声音此起彼伏。

以下有关公开选举议会的报告，是从报纸的数百个类似例子中选出的，可视为典型：

“会议的一个组织者要求与会者任命一名主席，立刻引起了骚乱。无政府主义者跳到桌子上，想强行占领会议桌，社会主义者奋力保护，拳脚相加，打成一片，各方都指责对方是政府的间谍……一个被打肿眼睛的公民离开了会场。会议总算在骚动中各就各位，发言权转到了X同志手中。”

“演说家开始对社会主义者进行猛烈的攻击，后者则用‘白痴’‘无赖’‘流氓’的称号打断他的讲话。X同志对社会主义者说的进行反击，说社会主义者不是‘白痴’就是‘小丑’。”

“……昨天晚上，阿勒曼派在神庙镇小街的文化商业大厅举办了一场重要会议，此次会议是对五一工人庆祝活动的热身。会议的口号是‘冷静和宁静’！”

“G–同志骂社会主义者为‘白痴’和‘骗子’。”

演说者和观众互相谩骂殴打，椅子、桌子和长凳都成了武器。

千万不要以为，这种描述只发生在一类固执的选民身上，取决于他们的社会地位。在每一个匿名集会里，即便聚会里都是由受过高等教育的人，争吵的情形也是相似的。我已经说过，当人们被聚集在群体中时，他们的智商心理趋向于同化，并且每次都可以找到证据。举例来说，我从1895年2月13日的《时报》中摘录的学生会议描述：“随着天色渐晚，骚乱不断增强，我不相信有哪位演说者可以成功地说出两句话而不被打断。在每时每刻都有来自各个方向的呼声。掌声与口哨声混杂在一起。观众之间进行着激烈的争吵，有人挥舞着棍棒进行威胁，有人不停地敲击地板，‘把他赶出去！’或者‘让他说！’的鼓噪声此起彼伏。”

“C先生在聚会上破口大骂，净说些‘可憎’‘懦弱’‘滔天’‘卑鄙’‘贪污’和‘报复’的字眼，他宣称他想要摧毁这些恶行……”

如果有人问，在这种条件下，选民如何形成统一意见？然而，提出这样的问题，就是对集体所享有的自由度存在奇怪的幻想。群体的主张都是别人强加给他们的，但他们从不理性思考。在这里谈论的事情上，选民的主张和投票权都掌握在选举委员会手中，选举委员会的主要领袖通常是税吏，他们允许工人推迟付款，对工人影响巨大。作为当时最勇敢的民主斗士之一，谢雷先生说：“你知道选举委员会是什么吗？它是我们制度的基石，是政治机器最重要的部件。法国今天由选举委员会管理。”①

如果候选人自己还可以，并拥有足够的财政资源，那么

---

① 不论委员会用什么名称，俱乐部也好，工会也好，这些或许都是最可怕的、最危险的集体权力。实际上，它们代表的是最非人性化的一面，因此也是最具压迫性的暴政形式。领导委员会应该以集体的名义发言和行事，因此领袖将免于承担所有责任，并且能够按照他们的选择行事。最野蛮的暴君从来没有奢望过拥有革命委员会所赋予的那么大的权力。巴拉斯说，他们曾勒索议会，并杀死了不少议员。只要能够代表民众，罗伯斯庇尔就拥有绝对的权力；但出于个人自大的原因，这个可怕的独裁者离开群体的那一刻，他便什么都不是。群体的统治是委员会的统治，即群体领袖的统治。无法想象还有比这更为严厉的专制。

对群众产生影响并不困难。根据捐助者的承认，三百万法郎足以确保布朗格将军再次当选。

这就是选民群体的心理。它与其他群体相同：既不好，也不坏。

因此，我从前面的分析中得不出反对普选的结论。如果我要决定它的命运，出于实际的原因，我会愿意保留它。这可以从我们对群体心理学的调查中推断出来。出于这一原因，我将会进行下一步阐述。

毫无疑问，普选有着明显的弱点，这不容忽视。无可否认，文明是构成金字塔最终点的一小部分卓越智商的工作，金字塔越往下的部分，所代表群体的智商越低。伟大的文明不能取决于人多势众的劣等人群所给予的投票。毫无疑问，群体的选票往往非常危险。他们已经将我们付出了几次遭受入侵的代价。随着社会主义的胜利，民众选举很可能会让我们付出更大的代价。

然而，这些不同主张在理论上令人信服，但在实践中会失去所有的力量。要知道，如果观念转化为教条，它们将会拥有所向披靡的力量。从哲学的角度来看，群体主权的信条与中世纪的宗教教条一样漏洞百出，但它目前享有与过去宗教相同的绝对权力，一样难以攻击。想象一下，一个现代自由思想家奇迹般地被运送到中世纪。你认为，在确定了当时生效的宗教观念的主权之后，他是否会攻击它们呢？一旦他落入法官的手中，被定罪与魔鬼达成协议或者参与女巫的聚会，他还会在意魔鬼还是女巫是否存在吗？讨论群体信仰和反对飓风一样不明智。普选信条拥有基督教教会以前所拥有的权力，一谈起普选观念，演说家和作家会顿生敬意，满口奉承，连路易十四都享受不到这种尊重和崇拜。因此，应该像对待所有宗教教条一样对待它。只有时间可以影响它们。

此外，试图破坏这种教条也是没有用的，因为它看起来具有一些合理性。“在一个平等的时代，”托克维尔公正地说，“人们彼此之间没有任何崇拜，因为大家都一样；然而，这种相似性使他们对公众的判断有着盲目的信心；因为他们认为，既然所有人都同样开明，真理一定掌握在多数人手中。”

如果选举权有所限制——比如说，只有智力水平高的人参与选举——对群体的选举来说会有改善吗？根据前述种种分析，无论群体的构成如何，我都不这样认为。在群体中，人的差别并不大，而且在一般问题上，由四十位院士记录的投票并不比四十位挑水工更好。我也不相信普选权被质疑的投票，比如投票恢复帝国，如果选民只在学识渊博且在受过自由教育的人中招募，结果会有什么不同。它并不会因为一个人懂得希腊语或数学，是建筑师、兽医、医生或是律师，就会对社会问题比别人了解得更多。我们所有的政治经济学家都受过高等教育，大部分是教授或学者，但他们是否在一般性问题上——比如贸易保护、复本位货币制度等——达成了一致呢？他们的学识只是普遍无知的一种弱化了的形式。

关于社会问题，由于未知因素数量众多，基本上，人们的无知程度差不多。

因此，如果选民完全由拥有学识的人组成，他们的选票也不会比目前的选票更好。他们会更多地受自己的情感和党派精神所支配。结果是，我们面对的困难一个也没有减少，而身份团体的压迫性暴政则变本加厉。

群体的选举，不论有没有限制，无论是在共和国还是君主制下，无论是在法国、比利时、希腊、葡萄牙或西班牙，都是相同的。而且，它往往反映出种族无意识的愿望和需要。在每个国家，当选者的一般意见代表了种族的天性，这种天性世世代代很少改变。

在这里，我们再次触及我们经常遇到的种族的基本概念以及引出的另一种观念：制度和政府只在一个人的生活中发挥很小的作用。人民主要受制于他们的种族天性，而这种天性是那些遗传特性的总和。种族和我们日常生活中必须遵守的规则，就是影响我们命运的神秘主宰。

# 第五章
# 议会群体

议会群体展示了非匿名异质性群体的大多数特征 / 他们的观点的简单化 / 暗示及其局限性 / 固定的观点和易变的观点 / 议而不决的原因 / 领袖人物的作用 / 他们拥有声望的原因 / 他们是议会的真正主人，他们的选票是少数人的授意 / 他们行使的绝对权力 / 演说艺术的元素 / 词汇和形象 / 领袖人物在心理上处于顽固信念和狭隘思想之下 / 没有声望的演讲者的论点得不到承认 / 议会的情感夸大，不管是好的还是不好的感情 / 某些时刻，他们是无意识的群体 / 公会记录 / 议会失去群体特征的案例 / 专家在技术性问题上的影响 / 议会制度的优势和危险 / 它适应现代需要，但造成金钱的浪费和自由的削弱 / 结论在议会中，我们有非匿名异质性群体的例子。虽然选举议员的方式随着时代、国家的不同而改变，但它们呈现出非常相似的特征。在这种情况下，种族的影响或者削弱或者加强了群体共有的特征，但没有阻止它们的显现。比如希腊、意大利、葡萄牙、西班牙、法国和美国等国家的议会，辩论和投票很相似，不同国家的政府面临的困难差不多。

此外，议会制度是所有现代文明民族的理想。该制度表达了在心理学上的错误观点，却也能够被大家所认可，即对于某个问题，一大群人做出的决定比一小撮人做出的决定更明智更独立。

议会也能看出群体的一般特征：头脑简单、易怒、易受暗示影响、情绪的夸大、受领袖人物的影响大。不过，由于组织形式的特殊性，议会群体还有一些与众不同的特征，我们将在稍后一一分析。

意见的简单化是他们最重要的特征之一。在所有政党中，尤其是就拉丁民族的群体中，存在这样一种倾向：通过适用于所有情况的最简单的抽象原则和普遍规律解决最复杂的社会问题。当然，这些原则因党派而异，但由于个别成员只是群体的一部分，他们总是倾向于夸大其原则的价值，并将原则贯彻到极致。因此，议会提出的大多数是极端主张。

法国大革命时期的雅各宾派表现了最典型的群体简单化思维。他们既教条又讲逻辑，满脑子模糊的普遍性原则，他们忙于固守原则而不懂变通。可以说，他们经历过大革命，却没有看到它。以简单的教条为指导，他们想从上到下重塑社会，结果却使伟大的文明后退到社会进化的初级阶段。他们用来实现梦想的方法同样显得天真。实际上，他们只顾着无情地摧毁阻挡他们的事物。所有的人，不论是吉伦特派、山岳派、热月派，都受到同样精神的激励。

议会群体很容易接受暗示；而且，像所有其他群体一样，暗示来自拥有声望的领袖人物。但值得指出的是，议会群体中的暗示有着明确的限制。

在关系到地方或地区利益的所有问题上，议会的每个成员都有固定的、不可改变的意见，这些意见无论如何都无法被动摇。即使有狄摩西尼那样的才能，也无力改变议员们对贸易保护或酿酒特权等的投票，因为这些问题关系到有势力的选民的利益。这些选民在投票时间之前发出的暗示，足以让人们排除掉任何其他来源的建议，以此确保意见的绝对稳定。①

关于一般性问题，如推翻内阁、征收税收等等，议员

---

① 以下是一位资深英国议员的反思，毫无疑问，这也同样适用事先得到确定、不会因为选举而改变的意见："我在威斯敏斯特的五十年里，听了数千次演讲。但是，他们中很少有人改变了我的观点，没有一个改变了我的投票。"

们没有固定的意见了，领袖人物的暗示可以产生影响，尽管其方式与普通群体并不完全相同。每个政党都有自己的领导人，他们的影响力有时候不分伯仲。结果是，投票者发现自己处于两个相反的暗示之间，不可避免地犹豫不决。这解释了为什么他经常在一刻钟内改变选票，或者在法律中加入一项使其无效的条款。例如，先是剥夺了雇主选择和解雇其工人的权利，然后又加上某个条款，通过修正案来推翻这项措施。

因此，每次议会上都有一些非常明确的意见，也有容易变化的意见。总的来说，一般性问题很多，很多都没有结果——选民始终存在顾虑，导致很多问题议而不决。从选民中获得潜在的暗示，客观上会抵消领袖的影响。

然而，如果议会成员没有强烈的先入为主意识，意见领袖仍然是众多讨论中的风向标。

这些领袖人物显然是必不可少的，因为在每个国家的议会中，他们都以团体领导的名义存在着。他们是议会的真正主宰者。群体离不开主导者，所以，议会的投票通常只代表一小部分人的意见。

领袖的影响在很小程度上是因为他们的论点，而在很大程度上来自于他们的声望。最好的证明就是，当他们失去声望时，他们的影响就会消失。

领袖的这种声望属于个人，与头衔和地位无关。作为议会的一员，朱尔斯·西蒙在提到1848年国民议会中的大人物时，为我们举了一些非常有趣的例子：

“两个月前，路易斯·拿破仑如神般存在，而现在他不足挂齿。”

“维克多·雨果登上了论坛。他未能取得成功，他没有得到菲利克斯·皮特那般的掌声。我不喜欢他的想法，”沃拉贝勒对我谈到菲利克斯·皮亚特时说，“但他是法国最伟大的作家和最伟大的演说家之一。”尽管埃德加·基内聪明过人，智慧超群，但他却没有受到任何尊重。在议会开幕之前他还算有名气，但在大会中他却无人问津。

“政治集会往往最能埋没才华横溢的天才。他们只注意在适合时间和地点发表长篇大论，不是服务于国家，只是为党派效力。要想获得1848年的拉马丁和1871年的梯也尔所拥有的尊敬，必须用紧迫的、明确的利益刺激他们。一旦危险过去，他们就既不感激也不恐惧了。”

我引用前面的段落是基于它所包含的事实，而不是它提供的解释，这些解释缺乏心理学知识的支持。一个群体，如果要效忠其领导，不论是党派领导或是国家领导，会立即失去其特征。群体服从领导者是受到他的声望的影响，而不是不受到任何利益或感激之情的支配。

因此，具有足够威望的领导者几乎拥有绝对的权力。大家都知道有位著名的议员，在多年里因其声望而拥有巨大的影响力。一系列金融事件导致他在上一次大选中败北，这件事广为人知。以前，只要他给个信号，就可以让内阁倒台。有位作家通过下面的描述，明确表明了他的影响力有多大：

“由于这位X先生，我们付出的代价是在东京湾付出代价的三倍，使我们在马达加斯加无法立足，使我们在尼日尔南部放弃了一个帝国，让我们失去了曾经在埃及占据的优势地位。X先生的理论比拿破仑一世所带来的灾难还要惨重。”

我们不该对这些领袖有太多的怨恨。很明显，他让我们损失惨重；但他之所以影响力很大，一部分原因在于他遵循了舆论。在殖民地这个问题上，当时的情况与今日大不相同。领导者的想法很少比民意超前。他所做的一切几乎都是顺应民意，有时甚至会助长错误。

除了声望之外，我们研究的领袖人物的说服手段还包括前面我们多次列举的因素。为了巧妙地利用这些资源，领导者必须熟知群体的心理，哪怕是无意识的，并且必须知道如何和群众沟通。他应该特别注意利用词语、套话和形象的神秘影响。他应该拥有卓越的口才：有力的断言——不要提供证明，令人印象深刻的形象，还有泛泛而谈的论证。这是一种在所有议会中都可以看到的雄辩高手，包括在世界上最严肃的英国议会。

英国哲学家亨利·梅因说：“在下议院的辩论中可以看到，整个讨论不过是不堪一击的夸夸其谈和下作的人身攻击而已。这种描述的一般套话对纯粹民主产生了巨大的影响。对于纯粹民主的想象力，用惊人的语言让人们接受普遍性断言总是很容易，尽管它们从未经过验证，或者也不可能通过验证。”

上述引文中提到的“惊人的语言”，其重要性再怎么强调也不过分。我们已经多次提到过言语和套话的特殊力量。这样的语言能够唤起非常生动的形象。以下句子来自我们的一位议会领袖的发言，是一个很好的例子：

“当同一艘船载着声名狼藉的政治家和无政府主义者，驶向监狱所在之处，那里热病肆虐，他们被关押在一起，能够一起交谈，好像同一个社会秩序中互补的两个方面。”

这样展现出来的形象非常生动，演说者的所有对手都能感受到威胁。他们想象着，这片热病肆虐的国家和可能带走他们的大船，他们也会成为那些界限不明、受到威胁的政客中的一员吗？他们感受到了当年议员们所经历的恐惧。罗伯斯庇尔模糊的演讲往往以把他们送上断头台来威胁他们，在这种恐惧的影响下，他们总是会选择屈服。

那些不着边际的夸大其词，对领袖是最有利的。我刚刚引用过几句话的发言人完全可以这样断言——而且不会引起暴力抗议：银行家和牧师雇佣别人扔炸弹，因此大金融公司的董事应该受到与无政府主义者同样的惩罚。这类断言对群体总是有效的。这种断言越激烈、越可怕越好。要吓到观众，没有什么比这种激烈的断言更有效了。在场的人们担心，如果他们抗议，他们将被视为叛徒或同谋。

在我看来，这种独特的辩术在所有议会里都极其有效。在危机时期，它的作用会进一步加强。从这个角度来看，读一读法国大革命时期议会的伟大演说家的演讲会非常有趣。在每一刻他们都要谴责犯罪，弘扬美德，侮辱暴君，并发誓要为自由而死。那些在场的人，站起来鼓掌，久久才能恢复平静，再重新坐下。

有时候，领导者可能才智出众，受过良好的教育，但拥有这些品质通常会弊大于利。通过对复杂的事物进行解释和说明的时候，促进了群体的理解，他的智力会使他变得宽宏大量，从而在很大程度上弱化了使徒所需的信念的强度与粗暴。在所有的时代，特别是法国大革命时期，伟大的领袖都具有相对狭隘的思想和智力，而正是这些人才拥有最大的影响力。

罗伯斯庇尔最著名的演讲经常因其语无伦次而令人震惊。如果仅仅阅读演讲稿，人们甚至会迷惑，这个独裁者为什么会有这么大的影响力?

“陈词滥调，重复啰嗦，说教的强调，充满拉丁文化的味道，抨击和辩护与小学生的顶牛并无什么区别。没有观点，没有技巧，也没有击中要害的讥讽。只有令人生厌的疯狂断言。读完这些沉闷的东西后，人们会不禁像和蔼可亲的卡米尔德穆一起长叹一声：‘哎！’”

信念坚定加上极度狭隘，会给予一个拥有威望的人强大的力量，有时想到这一点会感觉这是何等的可怕。但对于一个人来说，只有满足这些条件，才能忽视障碍、显示出强大的意志力。群体本能地从精力旺盛和信念坚定的人中找到他们所需要的主人。

在议会中，演讲的成功几乎完全取决于演讲者所拥有的声望，而不是取决于他提出的论点。最好的证据就是，当由于某种原因一个人失去声望时，他会同时失去他所有的影响力，即失去了他随心所欲影响选票的权力。

至于一位不知名的演讲者，提出一个论证充分的演讲时，如果他只是论证，别人也就是听听而已。一位老议员，同时也是洞察力超强的心理学家德索布先生描绘了这样一位缺乏声望的议员的形象："当他走上讲台后，从公文包中抽出一份文件，将其有条不紊地展开，十分自信地开始发言。"

"他自认为能够让观众相信那些使自己兴奋的事情。他小心翼翼地表达并论证自己的论点，论证中充满了数字和证据。他确信他会说服听众，任何反对都将是徒劳的。他对自己的演讲充满信心，相信会获得同事们的注意力。在他看来，听众理所应当地会对他的观点表示赞同。"

"他刚刚开始说话，众议院就出现了吵闹声，他感到很惊讶，对台下的噪音感到有些恼火。"

"为什么不保持安静呢？为什么注意力这么不集中？那些交头接耳的人在想什么呢？是什么急事让那个人离开了他的座位？"

"不安划过他的脸，他皱着眉头，停了下来。在议长的鼓励下，他再次开始，提高了声音。听众却寥寥无几。他利用肢体语言来强调他的话语，但他周围的噪音使他听不到自己，不得不再次停下来；最后，他害怕自己的沉默可能引发可怕的倒彩：'闭嘴！'所以，他再次开始。但喧嚣却令人无法忍受。"

当议会氛围兴奋到一定程度时，他们就会变得与普通的异质群体没有什么差别，他们的情绪因此呈现出永远走极端的特点。他们要么表现出最伟大的英雄主义行为，要么做出最坏的事情。个人不再是他本来的样子，因此他会将票投给完全与个人利益相反的事情。

法国大革命的历史表明了议会会失去自我意识，并服从与他们的利益完全相反的暗示。贵族放弃其特权是一项巨大的损失，但在制宪会议的那个著名的夜晚，他们毫不犹豫地这样做了。对于议员来说，放弃豁免权，意味着他们时刻都将置于死亡威胁之下，但他们还是这样做了。他们也不害怕在自己的阶层中滥杀无辜，尽管他们完全清楚，今天被杀死的同僚，明天很有可能轮到自己。事实是，他们已经达到了我在之前描述的那种完全没有意识的状态，任何想法都不能阻碍他们屈服所受到的暗示。以下来自洛娃雷纳的回忆，极典型地记录了这种情况："我们一直极力谴责的决定，两天之前，甚至一天之内都没有想过去做；因为发生了危机，我们就这样做了。"没有比这讲得更对的了。

在所有情绪激昂的议会中，都会看到类似的无意识现象。

"他们批准并执行他们所痛恨的法令，"泰纳说，"他们采取的行为不仅是愚蠢的，而且是犯罪——屠杀无辜的人，屠杀自己的朋友。左派在右派的支持下，大家一致同意并在热烈的掌声中，把自己的首领——大革命伟大的推动者和领导者送上黄泉；而右派在左派的支持下，大家一致同意并在最热烈的掌声中，投票给最坏的法令。在一片热情的呼声中，在对克罗德布瓦、丹东和罗伯斯庇尔的热情喝彩声中，全体议会一致地、自发地不断重新选举，使杀人政府继续留在台上。平原派憎恶它的杀戮，山岳派憎恶它的追杀。不论平原派还是山岳派，多数派和少数派，最后都同意帮助他们自杀。牧月22日，整个议会将自己袒露在刽子手面前；热月8日，在罗伯斯皮尔的演讲之后的15分钟里，同样的事情又出现了一遍。

这种描述可能显得阴沉，但它是准确的。充满激情和疯狂的议会最终会有相同的特征。他们不稳定，服从每一次冲动的决定。以下是斯普勒议员先生对1848年议会的描述，他对民主的信仰毫不怀疑。我从《文学报》上摘录了这段文字，因为它非常典型。它提供了一个例子，从中可以看到我所描述的群体里夸大的情绪，看到他们极其多变的特性，它可以一时这样，一时那样，在完全相反的情绪之间转变。

“共和党因其分裂、嫉妒、怀疑，以及盲目的信心和无限的希望而走向灭亡。它的天真和坦率可以与其普遍的不信任相提并论。缺乏法制意识，对纪律缺乏理解，只有无限的恐惧和幻想：和农民和孩子的情绪处于同一水平。他们的冷静可以与他们的焦虑匹敌；他们有多凶猛就有多顺从。这是一种原始状态的性格，是缺乏教养的结果。没有什么能让这些人感到惊讶，但一切都能使他们感到不安。或恐惧，或勇敢，他们会有英雄主义情结，但也会临阵脱逃。

“他们不管原因和后果，也不懂事件之间的联系。他们情绪变化极端，容易受到恐慌和惊吓，要么总是过于紧张，要么过于沮丧，从来不会恰到好处、恰如其分。他们比流水更易变，头脑混乱，毫无章法，政府可以依靠他们打下什么样的基础呢？”

幸运的是，上述议会中所描述的特征，不会一直出现。议会只会在某些时刻才会形成一个群体。组成它们的人在很多情况下都保留了他们的个性。正因为如此，议会才能推出一些在技术层面看来出色的法律。确实，这些法律的编纂者都是专心研究的专家。实际上，投票通过的法律是个人的工作，不是议会的产物。这些法律自然是最好的。当一系列修正案将其转化为集体努力的结果时，会产生灾难性的后果。群体的作品永远都比不上个体的作品，到处如此。阻止议会通过考虑不周全的制度的是专家。这时，专家是群体的临时领袖，议会对他没有影响，但他却对议会有影响力。

尽管在运作中会遇到各种困难，但议会仍是人类迄今发现的最好的统治机制，尤其它可以作为防止专制的最佳手段。无论是对哲学家、思想家、作家、艺术家，还是学者，一句话，对于组成文明顶峰的来说，议会无疑提供了一种最理想的机制。

而且，实际上，它们只造成两种严重的威胁，一种是不可避免的财务浪费，另一种是逐渐限制个人的自由。

第一类危险是紧迫问题和选举群体缺乏远见的必然结果。如果有议员提出一项议案，好像符合民主思想主张，例如，确保所有工人的养老金，并提高一类国家雇员的待遇等等。其他议员害怕惹选民不高兴，不想成为这一提议的牺牲品，因此他们不会冒险蔑视雇员的利益，更不敢反对提议的措施，尽管他们清楚，这会对预算案施加新的压力，需要设立新的税收。但他们会毫不犹豫地投票。因为支出增加的后果还无法预期，暂时还不会给他们个人造成不利的后果，而投了反对票，其后果可能在他们下次连选连任时立刻出现。

这是加大开支的一个原因，还有另外一个原因：不得不赞成所有提高地方性开支的提议。议员不能反对，因为这是选民的要求，议员只有接受同行的类似要求，才能为自己选区的人民谋取福利。①

前面提到的第二个危险是议会集会对自由的不可避免的

① 1895年4月6日出版的《经济学人》对仅由选举考虑因素引起的支出进行了一次有趣的调查，主要针对铁路支出。为了让郎加耶（一个拥有3000名居民、位于高山上的小镇）与普伊连接，议会同意耗资1500万法郎修建铁路。700万法郎用于将博蒙（3500名居民）与卡素特尔-萨拉森进行连接；700万法用于将郎将乌斯特（523名居民）与塞克斯（1200名居民）进行连接；600万法郎让普拉德与奥雷特小镇（747名居民）进行沟通。仅在1895年，就表决通过投资9000万法郎，用于修建完全为了地方公用事业的铁路。出于竞选考虑，其他方面的支出也不会少。根据财政部长的说法，制定工人养老金的法律很快将涉及最低年度支出1.65亿法郎；而根据勒卢瓦博里厄院士的说法，该支出将达到8亿法郎。很明显，这种支出的持续增长必将以破产告终。许多欧洲国家——葡萄牙、希腊、西班牙、土耳其——已达到这一阶段；其他国家，如意大利，将很快步其后尘。在这种情况下，不需要太担心，因为公众已经先后同意在这些不同国家支付减少五分之四的税收。这种巧妙的破产使得预算的均衡暂时恢复。此外，战争、社会主义和经济冲突为我们带来了大量的其他灾难，我们已经进入普遍瓦解的阶段，得过且过吧。

限制，表面看这并不明显，但却是非常真实的，这是无数法律约束的结果。而短视的议会看不清其结果，认为自己有义务投赞成票，很多时候他们无法承担其结果。

这种危险确实是最不可避免的，即使英国议会体制也无法摆脱，尽管英国拥有最具有通行权的议会体制，议员独立于其他选民，拥有最大自由度。赫伯特·斯宾塞在之前的作品中指出，表面自由的增加必然伴随着真正自由的减少。在他最近出版的《人与国家》一书中又对同一个问题进行了探讨。他对英国议会表达了自己的看法："自那个时代以来，立法机构已经按照我所说的过程发展。独裁措施迅速增加，越来越限制个人自由，有两种方式：每年都有更多的条例制定，对以往公民行为完全自由的事物施加限制，迫使他们完成以前可做可不做的事情；同时，日益加重的公共财政，特别是地方的负担，通过减少个人可自由支配的收益比例，政府根据自身情况增加税收，进一步限制了个人的自由。"

这种对自由的逐步限制，每个国家都呈现出特别的形式。赫尔伯特·斯宾塞没有提到的特殊表现形式是这样的：通过批准一系列具有法律约束的立法措施，这势必增加了公职人员的数量、权力和影响力。这些公职人员也许会成为文明国家的真正主人。他们的权力更大，因为在政权不断更迭的过程中，这些公职人员不受这些变化的影响，他们不需要负责任、永久存在，且总是以公家的面貌出现。没有比这种以三重形式出现的专制更强大了。

限制性法律法规层出不穷，以最复杂的形式限制群体的行为，其结果不可避免地导致公民自由行动的范围内越来越小。他们认为，法律是我们获得平等和自由更好的保证，这种不切实际的想法让人民成了牺牲品，每天面对着的是越来越深的束缚。他们不接受没有惩罚的立法。他们习惯被束缚，并且成为奴隶状态，没有了主观能动性和生命活力。然后，他们只不过是没有存在感的影子，成了消极、顺从、有气无力的行尸走肉。

到了这一地步，个体必然会去寻找自己所不再具有的力量。随着公民冷漠和无助的增长，政府的职能必然会增加。他们必须表现出个人所缺乏的主动性、进取精神和指导精神。国家承担了一切，指导一切，并将一切都置于他们的保护之下。国家成为了一个全能的神。

有经验表明，这样的神，他们的权力从来都不持久或强大。

在某些民族中，对所有自由进行逐步限制，却又不表现在表面，于是，大家产生幻觉，觉得自己还有自由。但这似乎是民族衰老的结果之一，任何制度衰老了也一样。这是衰老的不祥之兆，到目前为止还没有任何文明逃脱这种衰亡。

如果我们根据历史经验和处处表现出来的症状来看，我们的许多现代文明已经达到了颓废之前的极端衰老阶段。似乎不可避免的是，所有民族都会应该经历相同的生存阶段，因为历史往往在重复其历程。

简要地谈一谈文明演变的这些共同阶段，我将以此作为本书结尾。这个梗概说明可能会有利于我们了解当前群体拥有力量的原因。

如果我们审视一下历史中文明辉煌和衰亡的原因，我们会看到什么？

在文明诞生之初，一群各种各样的人，通过迁徙、入侵和征服聚集在一起。在不同的种族中，以及不同的语言和信仰中，这些人之间唯一共同的联合关系是经过某个酋长勉强承认的法律。在这些混乱的群体中，群体的心理特征表现得最为明显。他们拥有群体短暂的团结，他们具有英雄主义以及冲动和暴力的弱点。没有什么能把他们牢固地联系在一起，他们是野蛮人。

接下来，任务就交给了时间。相同的环境、种族通婚、对共同生活的需求开始发挥其影响。不同的小群体开始融合成一个新的群体，形成一个种族；也就是说，具有共同特征和情感的集合，遗传将它固定得越来越牢。群体已经成为一个民族，这个民族将来会摆脱野蛮的状态。

然而，只有经过长时间的努力、反复的斗争以及无数次的反复，它才能获得一种理想，走出野蛮状态。这个理想是什么性质都不重要，不论是雅典的神力，还是真主的威严，都足以使正在形成的种族中每个人在情感和思想方面达到完美的统一。

这时才有可能出现一种新的文明及其制度、信仰和艺术。为了追求理想，种族将连续得到赋予它辉煌、活力和成功所必需的品质。毫无疑问它仍然是乌合之众，但从此以后，在稳定和不断变化的群体特征背后，会形成一个坚实的基础，即一个种族的天性，它决定着该民族在有限的范围内变化，并支配着各种偶然因素发挥其作用。

在创作完成之后，时间便开始了破坏工作，无论是神还是人都无法逃脱。文明强大和复杂到一定程度之后，便停止前进，而它一旦停止发展，必然迅速衰落。这就是物极必反的道理。

这个不可避免的时刻总是以理想的弱化为标志，而理想是种族的精神支柱。和这个理想相关的宗教、政治和社会结构开始动摇。

随着其理想的逐步消亡，种族失去了越来越多的特征，群体的凝聚力、统一性和力量会慢慢减少。个人的个性和智慧可能会增加，但与此同时，种族群体的集体主义会被个人利己主义的过度发展所取代，同时，伴随着的群体特征的衰退和行动能力的降低。原先是同一种族、群体，最终成为缺乏凝聚力的乌合之众，并由于传统和制度人为地融合在一起。正是在这个阶段，人们只关注他们的利益和愿望，再也无法进行自我约束，即使最小的事情也需要领导，因此，国家开始发挥巨大的作用。

随着古老理想的彻底丧失，种族的力量也不断减弱；群体只是一群孤立的个体，并回归到原点状态——乌合之众，步调不一，没有未来，它具有群体的所有短暂特征。它的文明失去了稳定，受到一切暗示的摆布。民族掌握了最高的权力，野蛮的程度也会越来越大。文明可能仍然看起来很辉煌，因为它被历史赋予了一个华丽的外表，但它实际金玉其外，败絮其里，它已经成了失去支柱的大厦，暴风雨一来，随时会轰然倒塌。

从野蛮到文明，一路追逐理想，然后，当这种理想没有了未来，便开始衰落，走向灭亡，这就是一个民族的生命循环。